Herbert Cerutti

Wie die Krähe das Auto benutzt

HERDER / SPEKTRUM

Band 4468

Das Buch

Krähen benutzen Autos als effizienten Nußknacker, Spinnenmännchen wickeln ihre Weibchen mit Geschenken ein, Eichhörnchenmännchen legen ihrem Weibchen einen Keuschheitsgürtel an – den es geschickt zu entfernen weiß: Tiere haben ganz clevere Strategien – übrigens erstaunlich nahe denen des Menschen, um sich einen Vorteil zu sichern. Und sie leben in Abhängigkeiten von der Umwelt, die auch Forscher erst langsam entdecken. Herbert Cerutti stellt die verschiedensten Tierarten und ihre Strategien vor, erläutert verständlich und kurzweilig die Abhängigkeiten und Hintergründe. Er vermittelt damit unterhaltsam Wissen von den nächsten Nachbarn der Menschen.

Vom Liebesspiel der Hummer bis zur Überlebensstrategie der Wüstenameise, vom Cowboytrick der Affen bis zu Abhängigkeit des Schneehasen von den Mondzyklen: Immer wird der Leser durch die vergnüglich-sachliche Schilderung fasziniert und mit den neuesten wissenschaftlichen Erkenntnissen versorgt.

Der Autor

Herbert Cerutti ist Wissenschaftsredakteur bei der Neuen Zürcher Zeitung, Zürich.

Herbert Cerutti

Wie die Krähe das Auto benutzt

Die erstaunlichen Strategien von Tieren

Herder

Freiburg · Basel · Wien

Alle Rechte vorbehalten – Printed in Germany
© Verlag Herder Freiburg im Breisgau 1996
© Verlag Neue Zürcher Zeitung, Zürich 1995
Untertitel der Originalausgabe: 22 erstaunliche Tiergeschichten
Die Textillustrationen der Ausgabe wurden entnommen:
Friedrich von Tschudi, Das Thierleben der Alpenwelt, Leipzig 1858
Brehms Thierleben, Große Ausgabe in zehn Bänden, Leipzig 1879
Herstellung: Freiburger Graphische Betriebe 1996
Umschlaggestaltung: Joseph Pölzelbauer
Umschlagmotiv: Hermann Bausch, Freiburg
ISBN 3-451-04468-4

Inhaltsverzeichnis

Sah man früher den Luchs nur als Bestie, erforscht man jetzt seine kosmischen Beziehungen (Seite 121).

Tiere dienen dem Menschen seit Urzeiten zur Ernährung, sei es als Jagdbeute, sei es als domestizierter Lieferant von Milch und Fleisch. Tiere sind auch treue Helfer: Sie begleiten den Jäger auf der Pirsch, sie führen den Blinden sicher durch den Verkehr, sie sind dem Einsamen Partnerersatz. So kennen wir das Tier vor allem als nützliches Wesen. Und unsere persönlichen tierischen Freunde sind fast ausschliesslich der Hund, die Katze oder das Pferd. Gelegentlich gehen wir auch in den Zoo, um hinter Gittern oder jenseits des Grabens die seltsamen Kreaturen aus fernen Welten zu bestaunen. Über das Leben der meisten Tiere wissen wir jedoch herzlich wenig.

Als die Redaktion des NZZ-Magazins «Folio» vor zwei Jahren mit der Bitte an mich herantrat, im Rahmen einer monatlichen Rubrik unterhaltsame Beispiele aus dem Tierreich vorzustellen, fand ich die Idee attraktiv und den Job nicht sehr schwierig. Es gibt ja eine enorme Fülle an Büchern, an Forschungsergebnissen, an Nachschlagewerken zum Thema. Ich wollte allerdings nicht einfach Altbekanntes aus dem Brehm oder Grzimek abschreiben und machte mich auf die Suche nach Originellem und Überraschendem. Nun merkte ich, dass zwar die Tierforschung laufend neue

Erkenntnisse liefert, dass dieses Wissen aber häufig sehr spezialisiert ist. So weiss man genau, wie die Taufliege genetisch konstruiert ist, mit welchen Strategien sich Frösche fortpflanzen. Aber interessiert dies auch ein breites Publikum? Es war wohl mein Vorteil, dass ich mich zwar immer schon für Tiere interessierte, von meiner Ausbildung her aber doch in Sachen Zoologie ein blutiger Laie war (und immer noch bin). So faszinierte mich, was für Fachleute allenfalls wissenschaftliche Routine ist, ich stellte Fragen, wo der Spezialist längst die passenden Antworten kennt. Und ich recherchierte Thema um Thema – in der Hoffnung, dass jene Dinge, die mich staunen liessen, auch beim Leserpublikum ihre Freunde finden würden.

Wir hatten die Absicht, etwa ein Dutzend Tiergeschichten zu publizieren. Den Leserinnen und Lesern begannen aber die Geschichten zu gefallen; das gute Echo liess uns nach einem Jahr weitermachen. Unterdessen sind schon über zwanzig Berichte «Von Tieren» entstanden. Und je länger ich mich mit der Thematik beschäftige, desto mehr neue Ideen tauchen auf. Plötzlich sehe ich an allen Ecken und Enden Kandidaten für weitere Tiergeschichten. So ist der Autor selber zum grössten Nutzniesser seiner Arbeit geworden, indem er die Tiere jetzt mit viel aufmerksamerem Auge sieht.

Wolfhausen, im Frühjahr 1995   Herbert Cerutti

Ähnlich gross wie eine Bergdohle sitzt der weiss-gesprenkelte braune Vogel im knorrigen Geäst einer Arve und arbeitet, was das Zeug hält. Alle paar Sekunden pickt er aus einem der Zapfen ein neues Nüsschen. Schliesslich fliegt er mit randvollem Kehlsack in sein Revier zurück. Dort landet er unter der schützenden Krone eines Baumes oder im freien Gelände auf felsiger Kuppe, im steilen Abhang. Traut er der Sache, hackt er mit dem Schnabel ein bis zu zwei Zentimeter tiefes Loch, würgt unter Zittern des ganzen Körpers einige der Arvennüsschen aus dem Kehlsack herauf und lässt sie durch den leicht geöffneten Schnabel einzeln ins Erdloch gleiten. Pro Versteck deponiert er nur wenige Nüsschen; die Fracht eines einzigen Fluges wird auf etwa zehn verschiedene Orte verteilt. Jedes Versteck deckt der Vogel dann so sorgfältig mit Streu oder Flechten zu, dass nichts auf den vergrabenen Schatz hindeutet. Denn dem Specht und den Mäusen und vor allem dem gefrässigen Eichhörnchen käme das Sparkapital des Tannenhähers im Winter mehr als gelegen. So aber erfreut er sich zusammen mit seiner lebenslangen Partnerin vom November bis zum nächsten Frühsommer der geheimen Vorräte; ab März zieht er damit auch noch zwei Junge auf. Erst wenn es im Juni dann reichlich Insekten gibt, kann der Vogel auf das Nüsschenpicken verzichten.

Der Tannenhäher beginnt mit dem Sammeln Ende August, arbeitet Tag für Tag von Sonnenaufgang bis kurz nach Sonnenuntergang und hört erst im Oktober auf, wenn weit und breit an den Arven keine Nüsschen mehr zu finden sind. Nur in Jahren der Vollmast (etwa jedes fünfte Jahr) überfordert der Nusssegen den Sammeleifer. Der Tannenhäher sucht die Nahrung nicht nur in seinem Revier; er macht sich auch zu weit entfernten Arvenbeständen auf und sammelt Vorräte im Langstreckenverkehr. Die bisher längste registrierte Transportdistanz betrug 22 Kilometer, die Fracht über 100 Nüsschen pro Flug. Das sind immerhin etwa 25 Gramm – ein Mensch müsste seine Backen mit 10 Kilogramm Futter füllen, um gleiches zu leisten.

Der Fleiss des Tannenhähers ärgert nicht nur die nüssesammelnde Tierkonkurrenz, sondern war schon früh auch den Menschen ein Dorn im Auge. Als noch keine Bananen aus Afrika und keine Koteletts aus den Tiefkühlhäusern in die verschneiten Bergdörfer kamen, ergänzten die Menschen den kargen Speisezettel mit den nahrhaften Arvenfrüchten. Bei einem Anteil von etwa 50 Prozent Fett und je einem Fünftel Proteinen und Kohlehydraten sind sie Kraftfutter par excellence.

Der volle Zorn des Menschen traf den Tannenhäher Ende des letzten Jahrhunderts. Sich häufende Hangrutsche und Lawinen führten damals zur Einsicht, das hemmungslose Abholzen der Bergwälder sei

*Ohne den Tannenhäher (oben im Bild) gäbe es in höheren Lagen
wohl keine Arvenwälder.*

doch ein Fehler gewesen. Mit Aufforstungen sollte wenigstens ein Teil des früher üppigen Baumbestandes erneuert werden. Baumschutz ist besonders wichtig in den hohen Lagen bis zur natürlichen Waldgrenze von etwa 2400 Metern. Dort können sich besser als alle andern Bäume Lärche und Arve behaupten. Für die Wiedergutmachung brauchten die Förster als Saatgut also grosse Mengen der Arvennüsschen – die ihnen die Tannenhäher aber Jahr für Jahr vor der Nase wegschnappten. So gab man den Vogel zum Abschuss frei; im Kanton Graubünden noch bis ins Jahr 1961.

Man sah im Tannenhäher auch ein Hemmnis für die natürliche Verjüngung des Arvenwaldes. 1916 stand im «Ornithologischen Beobachter» kurz und bündig, der Tannenhäher sei für das Verschwinden der Arvenwälder verantwortlich. Solche Schuldzuweisung störte nun einige Gebirgsförster, die gelernt hatten, die Natur sorgfältig zu beobachten. Und auch ökologisch geschulte Wissenschafter hatten den Eindruck, Tannenhäher und Arve seien weit eher ein nützliches Team denn Täter und Opfer. Wollte man indes die Meinung der Förster und Jäger ändern, brauchte es keine Gegenmeinung, sondern Beweise.

Es waren in erster Linie Friedrich-Karl Holtmeier und Hermann Mattes vom Institut für Geographie der Universität Münster, die in den sechziger und siebziger Jahren im Engadin das Schicksal des Waldes und die Rolle des Tannenhähers intensiv untersuchten und zusammen mit der Eidgenössischen Anstalt für das forstliche Versuchswesen den Bündnern schliesslich bewiesen, dass der Tannenhäher überhaupt erst die Verbreitung der Arven ermöglicht. Denn während andere Kieferarten leichte Samen mit Flügeln für eine Windverbreitung tragen, produziert die Arve währschafte Portionen ohne Flügel, die für die Reise in eine weitere Umgebung auf die Transportdienste des Tannenhähers angewiesen sind. So pflanzt dieser Vogel mindestens drei Viertel des gesamten Engadiner Arvenjungwuchses. Gelegentlich fallen Arvenzapfen auch von selber vom Baum. Keiner rollt aber je den Hang hinauf, weshalb es allein das Verdienst der gefiederten Forstgehilfen ist, dem Arvenjungwuchs auch in der sogenannten Kampfzone, der klimatisch harten Region oberhalb der momentanen Waldgrenze, eine Chance zu geben.

Hermann Mattes hat das faszinierende Geschehen nüchtern buchhalterisch dargestellt. Er hatte vom Herbst 1974 bis zum Sommer 1975 im Stazer Wald bei Celerina ein knapp 30 Hektaren grosses Gebiet mit den Revieren von fünf Tannenhäherpaaren detailliert untersucht. Aus den verschiedensten Beobachtungen und Berechnungen erstellte er folgende Bilanz: Totaler Samenertrag: 1,9 Millionen. Vom Tannenhäher geerntet: 1,1 Millionen. Davon im Laufe des Winters als Nahrung verbraucht: 440 000. Nach Abzug der Verluste durch Mäusefrass im Boden verbleibende Samen: 430 000. Dies ergibt bei durchschnittlich 3,5 Nüsschen pro Vorratslager etwa 130 000 potentielle Arvenverjüngungsstellen, wovon 7000 oberhalb der heutigen Waldgrenze.

13

Jeder der zehn Vögel hatte also im Laufe des Herbstes im Durchschnitt über 100 000 Nüsschen vergraben und dafür um die 30 000 Verstecke ausgewählt. Und jetzt das Verblüffende: Obwohl fast alle Verstecke im Winter von Schnee bedeckt sind, findet der Tannenhäher sie mit stupender Sicherheit. Er fliegt von einem Baumwipfel aus, ohne suchen zu müssen, schnurgerade selbst auf weit entfernte Verstecke zu und stochert dort nach seinen Nüsschen. Liegt viel Schnee, gräbt er einen Tunnel und findet sie bis zu einer Schneetiefe von 50 Zentimetern in über 80 Prozent der Grabversuche. Wie es aber der Tannenhäher macht, einige zehntausend über ein grosses Gebiet verstreute Verstecke während Monaten zentimetergenau im Gedächtnis zu behalten, wissen wir nicht. Eine fast unglaubliche Leistung, bereitet doch unserem viel grösseren Gehirn schon das Wiederfinden des Schlüsselbundes Schwierigkeiten.

Aus den vom Tannenhäher nicht mehr ausgegrabenen Nüssen wachsen Jungarven – oftmals als enges Grüppchen, wie sie eben als Samen beieinander gelegen haben. Man hat nun diesen Jungwuchs «Kinder der Vergesslichkeit des Tannenhähers» genannt. Vergesslichkeit? Wohl kaum. Denn warum sollte der Vogel mühsam Vorräte anlegen, die seinen Nahrungsbedarf offensichtlich weit übersteigen? Und warum holt er seine Wintermahlzeiten fast nur aus den Verstecken im bereits gut entwickelten Wald und überlässt seine in der Kampfzone vergrabenen Nüsschen weitgehend der Natur? Der Vogel hat vermutlich im Laufe der Evolution kapiert, dass er im Bergwald nur satt werden kann, wenn genügend neue Arven wachsen. Und die Arve hat ihrerseits gelernt, dass es für die Saat im kargen und coupierten alpinen Gelände besser ist, auf den launischen Wind als Vehikel zu verzichten und stattdessen den Vogel mit einem währschaften Köder zum Verträger zu machen.

Dass solche Kooperation auch fern der Alpen funktioniert, zeigen Beobachtungen in den Rocky Mountains. Dort helfen sich in sehr ähnlicher Weise Kiefernhäher und Weissstämmige Zirbelkiefer. Erst vor wenigen Jahren erlebten die amerikanischen Naturfreunde im Yellowstone-Nationalpark eine besondere Überraschung. Hatte man sich nach den gewaltigen Waldbränden im Sommer 1988 auf eine nur langsame Wiederbewaldung gefasst gemacht, zeigte sich schon im darauffolgenden Jahr, dass die Kiefernhäher die Sache unverzüglich an die Hand genommen hatten, denn überall auf den öden Flächen begannen Zirbelkiefern zu spriessen. Was nicht zuletzt dem Grizzly zu goldenen Zeiten verhelfen wird, der mit Vorliebe die versteckten Zirbelnusslager der Eichhörnchen plündert.

*Der Gorilla und andere Menschenaffen wissen sehr wohl, wie man die
Artgenossen hinters Licht führen kann.*

Eine Gorillagruppe auf Nahrungssuche trottet in Einerkolonne durch den Urwald. Da geht der Blick eines Weibchens nach oben ins Blätterwerk. Sekunden später tritt es zur Seite, putzt sich intensiv das Fell und lässt die Gruppe an sich vorbeimarschieren. Kaum sind die andern jedoch ausser Sicht, klettert die Dame schnurstracks auf den Baum und holt sich dort unbehelligt jene prächtige Frucht, die sie offensichtlich beim Nachobenschauen entdeckt hatte.

Ähnlich raffiniert täuscht das Bonobomännchen Kanzi seinen Betreuer am Language Research Center in Atlanta. Bonobos sind eine den Schimpansen ähnliche Menschenaffenart, und Kanzi wurde weltberühmt wegen seiner Fähigkeit, mit Hilfe von Wortsymbolen auf einer Tastatur mit Menschen einen Dialog zu führen. Kanzi hat eine Vorliebe für Pilze, die auf dem Gelände der Forschungsstation wachsen; aus Sicherheitsgründen ist ihm aber das Pflücken untersagt. Mittlerweile versteht es Kanzi meisterhaft, im Vorbeigehen blitzschnell einen Pilz zu pflücken und mit scheinheiliger Miene vor dem Betreuer versteckt zu halten, bis die Gelegenheit günstig erscheint, ihn rasch ins Maul zu schieben. Für dieses Manöver wählt Kanzi etwa den kurzen Moment, wenn gerade ein

Baum zwischen ihm und dem Begleiter steht. Und wird Kanzi erwischt, zeigt er mit offensichtlichem Triumph erst seine Beute, bevor er sie eilig verschlingt.

Gelegentlich «lügt» Kanzi mit seinen Wortsymbolen. So verlangt er, zu den Melonen, den Äpfeln oder den Tomaten begleitet zu werden, die auf dem Forschungsgelände an bestimmten Stellen zu finden sind. Dass der Wunsch nur Vorwand war, merkt die Begleitung, wenn Kanzi auf dem Weg zum signalisierten Ziel rasch zu einem ihm sonst verbotenen Ort enteilt und nach diesem Umweg dann an den gewünschten Leckerbissen nicht das geringste Interesse mehr zeigt.

Die Beispiele stammen aus einem Katalog, den die schottischen Affenforscher Richard Byrne und Andrew White im Jahre 1990 auf Grund einer Umfrage erstellten. Die 76 befragten Fachleute lieferten zum Thema «Taktische Täuschung bei Primaten» 253 Anekdoten, die ein solches Mass an «Lug und Trug» zutage brachten, wie man es sonst nur vom Homo sapiens kennt.

Zur krummen Tour Zuflucht genommen wird insbesondere dort, wo man etwas gern haben oder tun möchte, dies aber auf dem üblichen Weg nicht kann. Neben dem Fressen ist das vor allem Sex. Der durch seine Beobachtungen an freilebenden Pavianen in Afrika wie durch Verhaltensexperimente im Affengehege in Horgen bei Zürich berühmt gewordene Hans Kummer berichtet über die List eines Pavianweibchens. Bei der Beobachtung einer grösseren Gruppe fiel Kummer auf, wie sich eines der sitzenden Weibchen fast unmerklich langsam Zentimeter um Zentimeter seitwärts schob. Nach zwanzig Minuten war das Weibchen hinter einem grossen Stein angelangt. Dort wartete geduckt ein rangtieferes Männchen und liess sich nun von der diskreten Besucherin genüsslich das Fell pflegen. Der Chef der Gruppe aber, der solche Zärtlichkeit sicher nicht geduldet hätte, merkte von der Sache nichts, denn der Stein verdeckte ihm die Sicht auf den Rivalen, und vom Weibchen konnte er nur Hinterkopf und Rücken sehen.

Gleich mehrere Forscher berichten, wie rangniedrige Affenmännchen mit Weibchen aus dem Harem des Chefs heimlich in die Büsche schlichen, dann aber die beim Liebesspiel üblichen Lustschreie unterdrückten. Seine sexuelle Erregung nicht verraten wollte anscheinend auch Luit, ein Schimpansenmännchen der Zoogruppe des Holländers Frans de Waal. Just als er einem Weibchen den Hof machte, tauchte das dominierende Männchen auf. Unauffällig bewegte sich Luit etwas vom Weibchen weg, drehte dem Chef den Rükken zu und blieb ruhig sitzen, nur gelegentlich zwischen seine Beine blickend. Als die Erektion endlich abgeklungen und der Penis im Fell verschwunden war, schlenderte Luit zum Chef und beschnüffelte frech den Stein, den der für eine allfällige Strafaktion bereits aufgehoben hatte. Dass sich die Schimpansenherren der provozierenden Wirkung ihrer standhaften Männlichkeit offensichtlich bewusst sind, dokumentieren auch die Episoden, wo ein beim unerlaubten Flirt ertapptes Männchen den Arm seitlich so hängen lässt, dass wohl das anvisierte Weibchen, aber nicht das ranghöhere Männchen die Erektion sieht. Auch wurde beobachtet, wie ein Freier beim unerwarteten Auftauchen des Haremsherrn sein Geschlecht rasch mit der Hand bedeckte.

Ist «Schamhaftigkeit» womöglich weniger Tugend denn Taktik? Solches Verhalten ruft nach der Frage der tierischen Intelligenz. Ist scheinbar einsichtiges Verhalten lediglich das Resultat eines zufällig entdeckten Vorteils? Oder verfügt das Tier in der Tat über eine gewisse Einsicht in das soziale Gefüge der Gruppe, und kann es sich vorstellen, wie eine bestimmte Situation vom Artgenossen gesehen und empfunden wird? Das Sichtotstellen gewisser Frösche beim Auftauchen eines Todfeindes wird niemand als «intelligent» bezeichnen, denn das Tier hat lediglich im Laufe der Evolution sein Verhalten in Richtung einer höheren Überlebenschance optimiert. Es wendet nun den Trick instinktmässig an, also ohne verstandesmässige Einsicht und auch ohne die Möglichkeit, den Trick für andere Zwecke zu modifizieren, etwa um einen Geschlechtsrivalen zu täuschen oder sich vor irgendwelchen Störungen zu tarnen. Viel näher an menschlicher Intelligenz erscheinen uns dagegen die zuvor beschriebenen «taktischen Täuschungen», die von der Wissenschaft wie folgt definiert werden: «Handlungen aus dem normalen Repertoire des Akteurs, in solcher Weise eingesetzt, dass ein anderes Individuum die Bedeutung der Handlung zum Vorteil des Akteurs falsch interpretiert.»

Die sich häufenden Beobachtungen von Episoden, wo Affen ihre Artgenossen anscheinend manipulierten, liessen Begriffe wie «Politik» und sogar «machiavellistische Intelligenz» entstehen. Und auch Wörter wie «Wunsch, Treue, Selbstlosigkeit, Erkenntnis» fanden mehr und mehr Verwendung bei der Deutung tierischen Verhaltens.

Hans Kummer stellt solche Interpretation in Frage. Sorgfältige Experimente auch in Zürich haben nämlich gezeigt, dass die meisten Affen mit Ausnahme der Schimpansen nicht beurteilen können, was ein anderer sieht, weiss oder glaubt – eine Voraussetzung für intelligente Täuschungsmanöver in unserem Sinne. Übertragen wir nicht weit eher das Wissen (wie die Vorurteile) über «einsichtiges» Verhalten aus unserer menschlichen Erfahrung in ein Tiergehirn, das die Welt in räumlicher wie sozialer Hinsicht wohl anders sieht als wir? So ist möglicherweise schon der Begriff «Absicht» eine Vermenschlichung, denn ein «intelligentes» Verhalten beim Tier könnte durchaus auch das flexible Übertragen einer im Laufe der Evolution erworbenen Spezialfähigkeit auf ein neues Problem sein. So bewundern wir, wie Schimpansen im Regenwald in perfekter Gruppenstrategie Colobus-Affen in den Bäumen fangen.

Möglicherweise ist dieses raffinierte Verhalten weniger das Resultat jägerischer Planungsarbeit als das erweiterte Anwenden der im komplexen sozialen Zusammenleben erworbenen Fähigkeit, auf Bewegungen der Artgenossen rasch und gezielt zu reagieren.

Trotzdem. Es erinnert unweigerlich an menschliches Verhalten, hört man die Geschichte des Schimpansen Yeroen aus dem Zoo von Arnheim, der von seinem Artgenossen Nikkie im Streit an der Hand verletzt wurde und wochenlang an diesem Arm lahmte, wann immer er an Nikkie vorbeikam, vor und nach der Begegnung aber ohne jede Behinderung marschierte. Und sieht man nicht vor sich geradezu die entsprechende Szene aus einem Western, wenn uns der Forscher erzählt, wie Schimpansen bei einer unangenehmen Konfrontation plötzlich am Gegenüber vorbei mit erschrecktem Blick scheinbar eine Gefahr erblicken – und wenn sich der andere neugierig umsieht, rasch verduften? Es liesse sich aber auch fragen, ob nicht der Cowboy selber seinen Trick eher einem unbewussten Überlebensrepertoire denn seinem Einfallsreichtum verdankt. Und auch unsere erotischen Verführungs- und Täuschungsmanöver könnten in weit höherem Mass Affentaktik sein, als wir glauben.

Konrad Lorenz, der Vater der vergleichenden Verhaltensforschung, hat es kategorisch formuliert: «Tiere bringen keine Artgenossen um, das wäre der Arterhaltung abträglich.» Trotzdem ist Kannibalismus – das Töten und Verspeisen von Individuen der eigenen Spezies – in der Tierwelt weitverbreitet. So machen sich manche Schnecken ungeniert über ihre Artgenossen her; Vögel fressen die eigenen Jungen oder Eier; Löwenmännchen die Nachkommen eines Rivalen; Schimpansen töten Jungtiere und verzehren das Opfer in trauter Gruppenmahlzeit.

Besonders schwer verständlich erscheint kannibalistisches Verhalten in jener Situation, wo wir Menschen Zärtlichkeit und Rücksichtnahme erwarten: Bei den Spinnen ist es durchaus üblich, dass das Weibchen seinen Liebhaber im Laufe des Schäferstündchens tötet und frisst.

Dass Kannibalismus den Laien schockiert, ist verständlich. Aber auch die Biologen haben Kannibalismus lange Zeit als abnormes Verhalten taxiert und nicht studiert, denn solche «Entgleisung» liess keinen biologischen Sinn erkennen. Als die Fachleute jedoch nach und nach entdeckten, dass Kannibalismus fast in der ganzen Tierwelt und in vielen unterschiedlichen sozialen Umständen vorkommt, wuchs die Ansicht, solches Verhalten müsse auch seine Vorteile haben.

Vorteile insbesondere im Lichte der modernen Soziobiologie, die von der Annahme ausgeht, ein Individuum verhalte sich sozial und sexuell so, dass sein eigenes Erbgut an möglichst viele Nachkommen weitergegeben wird. Ist nun trotzdem im Tierreich «Selbstlosigkeit» zu beobachten, ist dies nur scheinbar ein Widerspruch. Indem sich ein Männchen im Kampf für seinen Bruder opfert oder eine Arbeiterin im Bienenstaat zugunsten der Königin auf eigene Kinder verzichtet, wird entsprechend dem Verwandtschaftsgrad doch ein bestimmter Teil des eigenen Erbgutes weitervererbt. Und in aller Regel ist die genetische Schlussbilanz für das scheinbar selbstlose Individuum günstiger, als wenn es sich nach unseren Massstäben egoistisch verhalten hätte.

Ein fettes Spinnenweibchen sitzt im Zentrum seines Radnetzes. Sehr langsam und vorsichtig nähert sich das viel kleinere Männchen, denn die Dame ist meist hungrig und das Männchen entspricht durchaus einer üblichen Beuteportion. Um das Weibchen friedlich zu stimmen, lässt das Männchen das Netz vibrieren und gibt mit seinen Beinen lebhafte Signale. Noch in sicherer Distanz hat das Männchen einen Spermatropfen ins Netz gesetzt und die kolbenförmigen Endglieder des vorderen Beinpaares mit Samenflüssigkeit gefüllt. Schliesslich am Ziel, stopft das Männchen den Samen dem Weibchen in die Geschlechtsspalten am Bauch.

Wenn es nach der Begattung dem Männchen nicht gelingt, rasch aus dem Bereich der weiblichen Klauen fortzukommen, bezahlt es den Kiltgang nicht selten mit dem Leben. Bei den Kreuzspinnen und andern Radnetzspinnenarten konstruiert das Männchen für die Begattung einen speziellen Faden. Mit Zitterbewegungen wird das Weibchen auf das Liebesseil gelockt. Dank besonders langen Vorderfüssen kann das Männchen das Weibchen auf Distanz halten und gleichzeitig in eine für den Akt günstige Position schieben. Ist das Männchen den Samen losgeworden, sucht es sein Heil nach Tarzan-Manier, indem es vom Seil wegschnellt und an einer speziellen Leine in die Sicherheit entschwebt.

Dass die Liebe für einen grossen Teil der Spinnenmännchen gefährlich ist, zeigt die Vielfalt der im Laufe der Evolution entwickelten Abwehrstrategien, wie sie Mark Elgar in einem Artikel in der unlängst publizierten Übersicht «Cannibalism» (Oxford University Press) beschreibt. So warten bei einigen Spinnenarten die Männchen auf den Zeitpunkt, da sich die Weibchen häuten, und profitieren dann von der temporären weiblichen Wehrlosigkeit. Oder der Herr bringt der Dame eine in Seide eingepackte Fliege als Brautgeschenk und kopuliert, während sie sich am Leckerbissen gütlich tut. Den Verpackungstrick kostengünstig abgewandelt haben die Männchen einiger Krabbenspinnenarten, indem sie statt des Geschenks die Braut selber mit Seide umgarnen und zum wehrlosen Bündel schnüren. Bei den Kieferspinnen schliesslich wird das Weibchen auf direktem Weg am Zubeissen gehindert: Das Männchen hat an den Kiefern spezielle Haken, die das räuberische Mundwerk des Weibchens in geöffneter Stellung blockieren.

Trotz aller Vorsicht bezahlen viele Spinnenmännchen den Liebesakt mit dem Leben. Die Frage bleibt, welchen soziobiologischen Vorteil der Opfergang hat. Einige Biologen meinen, sexueller Kannibalismus widerspiegle lediglich das unvermeidliche Risiko des gefährlichen Liebesspiels mit einem raubgierigen Weibchen. Andere Fachleute sehen die Sache differenzierter; sie suchen insbesondere auch zu verstehen, warum in gewissen Fällen das Männchen schon vor der Begattung gefressen wird. Im Kampf der Geschlechter scheint es einen weiblichen und einen männlichen Standpunkt zu geben.

Verspeist das Weibchen den Freier bereits vor dem Liebesakt, kann dies Ernährungstaktik sein. Ein gefressenes Männchen erhöht das Körpergewicht des Weibchens signifikant und verbessert damit die weibliche Fruchtbarkeit. Mit dieser Taktik läuft das Weibchen allerdings Gefahr, von keinem Männchen begattet zu werden und als wohlgenährte Jungfer zu enden – ihr genetisches Spiel wäre verloren.

Elgar hat Modelle für ein optimales weibliches Verhalten berechnet. Danach müsste die weibliche Lust, den Partner schon vor dem Akt zu fressen, davon abhängen, wie viele Männchen in der Gegend sind. Und gegen Ende der Saison, wo die Chance für eine Begattung rasch kleiner wird, sollte das Weibchen we-

Bei den Spinnen (hier abgebildet eine Vogelspinne) endet das Liebesspiel für das Männchen nicht selten tödlich.

niger männermordend sein. Eine Studie hat bestätigt, dass sexueller Kannibalismus in Gebieten mit vielen Männchen in der Tat häufiger ist.

Und die Sicht der Männchen? Für sie kann das Gefressenwerden genetisch nur vorteilhaft sein, wenn der Liebesakt vollzogen ist. Der Körper dient dann als väterliche Investition in das Wachstum der Kinder und nützt damit dem Weiterkommen der eigenen Gene. Das Gefressenwerden nach dem Akt ist für das Männchen um so sinnvoller, je weniger Paarungsmöglichkeiten bestehen, je stärker es mit seinem Opfer zum Gedeihen der Brut beitragen kann und je älter es ist. Entsprechende Beobachtungen an verschiedenen Arten von kannibalisierenden Wirbellosen liefern Hinweise für die Richtigkeit der Theorie.

Ein starkes Argument für das männliche Interesse am morbiden Nachspiel sind die Beobachtungen an der Netzspinne *Argiope aemura*. Hier entflieht das Männchen geschickt nach einer ersten Begattung der weiblichen Gefahr. Es kehrt indes für eine zweite Begattung zurück und lässt sich danach ohne jeden Fluchtversuch umbringen.

Und noch deutlicher: Das Männchen der australischen Kugelspinne *Latrodectus hesselti* lässt sich bereits während einer ersten Kopulation vom Weibchen das Hinterteil zerkauen. Verstümmelt entfernt sich das Männchen nach dem Akt einige Zentimeter von seiner Partnerin, inszeniert nochmals ein kurzes Werbespiel, um schliesslich zur tödlichen Endrunde der verzehrenden Liebe zu schreiten. Solches Höherstellen des Weiterlebens der eigenen Gene über die körperliche Existenz erklärt einen Grossteil der vielen Varianten von Kannibalismus im Tierreich. Der Extremfall ist wohl dort erreicht, wo eine Kreatur ihren Genen zuliebe stirbt, bevor sie überhaupt geboren ist: Das Männchen der Milbe *Acarophenax tribolii* schlüpft im Innern seiner Mutter aus dem Ei. Ausser ihm schlüpft noch ein gutes Dutzend Schwestern. Die Brut wächst, indem die Mutter von innen her gefressen wird. Schliesslich kopuliert der Bruder mit allen seinen Schwestern und stirbt noch im Mutterleib. Die Schwestern aber kriechen ans Licht der Welt und werden bald schon vom eigenen Nachwuchs aufgezehrt. Für die Gene von Bruder und Schwester indes ist die Bilanz positiv.

Es mag dem durch Ethik geformten Denken und Fühlen schwerfallen, solch bizarres tierisches Verhalten zu begreifen. Und doch schlummern auch unter unserer moralischen Decke soziale und sexuelle Strategien, die weniger dem Ideal einer selbstlosen Liebe zum anderen Menschen als dem urtümlichen Drang nach maximalem Nutzen für die eigenen Gene folgen. Was sich nicht in jedem Fall widersprechen muss. «Liebe deinen Nächsten wie dich selbst» kann innerhalb der Verwandtschaft durchaus ein soziobiologisches Optimum sein.

So erfinderisch sich der Mensch mit seinem kämpferischen Gehabe wähnt, die Tiere haben fast alle Angriffs- und Verteidigungstechniken schon längst entwickelt. Da werfen Spinnen im Stile von Gladiatoren Netze über ein Opfer, da machen Schlangen mit Nervengift dem Gegner den Garaus. Und wer nicht auf offenen Angriff setzt, nimmt Zuflucht zu Täuschung und Tarnung, wie etwa der Wespenbock, ein harmloser Käfer, der mit seinem schwarzgelben Kleid eine gefährliche Wespe imitiert.

Gewisse Tiere brillieren als Schützen. Entwicklungsgeschichtlich uralt sind die Schiessvorrichtungen der Seeanemonen, Korallen und Quallen: Millimetergrosse Nesselzellen explodieren bei Fremdkontakt und schleudern ein harpunenähnliches Geschoss in die Haut des Opfers. Solche Projektile töten mit ihrem Gift kleine Tiere; grosse Quallen mit Tausenden von Nesselzellen verursachen auch bei Menschen schwere Verbrennungen und manchmal den Tod.

Schleudern die Quallen ihre Harpunen erst bei Körperkontakt, trifft der Schützenfisch seine Beute auf Distanz. *Toxotes jaculator* lebt in den Mangrovensümpfen Südostasiens. Sieht er ein verlockendes Insekt auf einem Blatt über der Wasseroberfläche, schwimmt er in eine Position direkt unterhalb der Beute und schiebt sein Maul knapp über die Wasseroberfläche. Was jetzt folgt, ist eine ballistische Meisterleistung. Der Schützenfisch drückt seine Zunge gegen eine lange, tiefe Rinne am Gaumendach und feuert mit kräftiger Kontraktion der Kiemendeckel einen Wasserstrahl mit solcher Wucht durch den biologischen Gewehrlauf, dass die Beute geradezu von der Unterlage gefegt wird und dem wartenden Schlund entgegentaumelt. Der handgrosse Fisch trifft die Beute noch auf zwei Meter.

Und sollte der erste Schuss danebengehen, korrigiert der Fisch den Abschusswinkel und trifft beim zweiten Versuch dann sicher. Dabei knallt er den Mundvoll Wasser dem Opfer nicht einfach als geballte Ladung auf den Körper. Die Zungenspitze als rasches Ventil nutzend, zerteilt er den Wasserstrahl in einen Hagel einzelner Tropfen oder erzeugt eine Serie längerer Strahlabschnitte. Mit der Zungenspitze steuert er auch die genaue Schussrichtung. Und als Ziel wählt er nicht den Körper des Opfers, sondern den Ort zwischen Insekt und Blattunterlage – so wird es durch eine Flutwelle um seinen Halt gebracht.

Noch verblüffender ist die Schiesstechnik der Bombardierkäfer, einer in Afrika und Mittelamerika heimischen Unterfamilie der Laufkäfer. Sie haben das Prinzip der binären chemischen Kampfstoffe und den Raketenantrieb entwickelt, lange bevor der Homo sapiens auf den Gedanken kam. Der Käfer produziert in Nebenafterdrüsen Hydrochinone und Wasserstoffperoxid. Die beiden Chemikalien werden als Gemisch

in einer grossen Kammer im Innern der Drüse gespei-
chert. Diese Vorratskammer ist dünnwandig und von
starken Muskeln umgeben. Ein Ventil verbindet sie
mit einer kleinen, dickwandigen äusseren Kammer –
dem Raketentriebwerk.

Fühlt sich der Käfer bedroht, presst er durch
Muskelkontraktion eine Portion der chemischen
Mischung in die kleine Kammer, wo oxidativ wirkende
Enzyme warten und sofort mit den Chemikalien reagieren. Die Hydrochinone verwandeln sich explosionsartig in Benzochinone, stechend riechende und
die Schleimhäute reizende «Kampfstoffe». Aus dem
Wasserstoffperoxid aber wird Sauerstoff frei und treibt
durch das Endventil der Drüse jetzt raketenartig das
üble Zeug dem Störefried entgegen. So vermag das
nur ein bis zwei Zentimeter grosse Tier seine Feinde
bis auf einen halben Meter weit zu treffen – wo immer
sie auftauchen, denn der Käfer kann die Spitze des
Hinterleibes wie einen Geschützturm rasch in jede
Richtung drehen.

Vor wenigen Jahren hat eine Biologengruppe an
der amerikanischen Cornell-Universität der Bombar-
dierkäfergeschichte ein weiteres erstaunliches Kapitel
angehängt. Man hatte schon früher bei solchem Käfer-
feuerwerk sowohl ein Sprühwölkchen gesehen als auch
ein kurzes Paffen gehört. Durch Analysieren von Tonaufnahmen wollten die Forscher nun das Geschehen
genauer kennenlernen. Als Versuchstierchen wählten
sie Bombardierkäfer der Spezies *Stenaptinus insignis* aus
Kenya. Die Überraschung nach der Feinanalyse des

Explosionsgeräusches war perfekt. Denn ein zeitliches Auflösen des Knalls auf zehntausendstel Sekunden genau ergab nicht einen Einzelknall, sondern eine äusserst rasche Folge von etwa einem halben Dutzend Miniexplosionen. Filmaufnahmen mit 4000 Bildern pro Sekunde bestätigten den akustischen Befund: Der Bombardierkäfer bringt es fertig, seine Rakete mit der unglaublich raschen Wiederholungsrate von etwa 500 Explosionen pro Sekunde zu feuern.

Damit hat die Natur auch das Prinzip des Pulsstrahltriebwerkes vorweggenommen. Die deutschen Raketenpioniere entwickelten nach diesem Prinzip ihre fliegende Bombe V1, die ab 1944 den Engländern schlaflose Nächte bereitete.

Genau wie bei der V1 regelt sich auch das Triebwerk des Käfers automatisch: Je nach Druckdifferenz zwischen Vorratskammer und Reaktionskammer schliesst oder öffnet sich das Rückschlagventil zwischen den beiden Kammern und schickt die Chemikalien portionenweise zur Verbrennung. Dass solche Käfertechnik die effiziente Weiterentwicklung einer simpleren Variante ist, zeigt die primitivere Spezies *Goniotropis nicaraguensis*, die die heissen Chinone als ungepulsten Dauerstrahl versprüht. Dieser Dauerstrahl erreicht nämlich an der Austrittsöffnung eine Geschwindigkeit von lediglich etwa 2,5 Metern pro Sekunde, während das Pulsprinzip dank viel höherem Kammerdruck die Flüssigkeit mit etwa 12 Metern pro Sekunde und damit auf wesentlich grössere Distanz versprüht.

Bei Kanonen kann es Rohrkrepierer geben; Raketen können ihre Mannschaft ins Unglück reissen. Besteht auch bei biologischen Geschützen ein Betriebsrisiko? Unter den Termiten und Ameisen gibt es mehrere Arten, die sich mit klebriger Taktik wehren. So übernehmen bei den Nasutitermiten spezielle «Nasensoldaten» die Verteidigung des Volkes. Anstelle der bei Termiten üblichen kräftigen Kiefer tragen sie auf der Stirn eine grosse Drüse, die mit einem klebrigen Stoff gefüllt ist. Dringen nun fremde Ameisen in den Termitenbau, spritzen ihnen die Nasensoldaten den Klebstoff in feinem Strahl entgegen – der Feind wird am Boden festgeleimt.

Bei der Ameisenart *Camponotus saunderi* produzieren die Soldaten zur Verteidigung ebenfalls einen klebrigen Stoff. Da ihre Kopfdrüse bis in den Hinterleib erweitert ist, verfügen sie über einen gewaltigen Klebstoffvorrat. Im Ernstfall stellt sich der Soldat vor den Angreifer und presst den Hinterleib mit voller Kraft zusammen – bis die weichen Hautbrücken zwischen den Körpersegmenten bersten und der gesamte Klebstoff den Gegner explosionsartig trifft.

Der Soldat aber ist bei seinem Kamikaze-Einsatz förmlich zerplatzt. Ein Rohrkrepierer der Natur? Wohl kaum. Würde man ausrechnen, welche Anteile seines persönlichen genetischen Inventars der Kriegsheld mit den Verwandten gemeinsam hatte, die durch seinen Opfertod gerettet wurden, zeigte sich, dass sich der Tod für die Gene des Helden lohnte. «Altruismus» im Tierreich ist immer genetischer Egoismus.

Die Hauskatze liegt schnurrend auf unserem Schoss. Augenblicke später hat sie anderes im Sinn; der menschliche Freund ist ihr jetzt piepegal. Wir schätzen die Katze dieser Unabhängigkeit wegen. Ein urtümliches Verhalten, das um so erstaunlicher ist, als die Wildkatze bereits vor 5000 Jahren im alten Ägypten domestiziert wurde. Aus jener schwarz-braun gestreiften Urkatze haben sich schliesslich um die fünfzig verschiedene Hauskatzentypen entwickelt. Die Unterschiede liegen vor allem in Farbe und Muster des Felles und in der Länge der Haare, denn zu etlichen der Gene, welche die Eigenarten des Felles bestimmen, sind im Laufe der Zeit durch zufällige Mutation neue Varianten (Mutanten) entstanden. Und da die Katze (so man sie frei laufen lässt) unter allen Haustieren das dem Wildtier noch ähnlichste Fortpflanzungsverhalten hat, kombinieren sich die Mutanten gemäss ihren lokalen Häufigkeiten.

So gibt es eine Mutante, die anstelle der nur teilweise pigmentierten braunen Streifen der Wildkatze eine volle Pigmentation bewirkt – die Katze ist jetzt ganz schwarz. Eine andere Mutante setzt weisse Flekken ins Wildkatzenfell. Diese Mutanten zusammen bescheren uns die drolligen Teufelchen mit weissen Stiefeln und Clowngesicht. Besonders interessant ist «sex-linked orange», eine Mutante, die aus den schwarzen und braunen Streifen rote und gelbe macht. Zufälligerweise sitzt dieses Gen auf dem X-Chromosom, dem weiblichen Geschlechtschromosom. Da Männchen nur ein X-Chromosom haben, macht dieses Gen also deren Fell entweder schwarz-braun oder als Mutante rot-gelb. Die Weibchen hingegen haben von Vater und Mutter je ein X-Chromosom und können gleichzeitig sowohl die ursprüngliche wie die veränderte Form des Gens tragen: das Fell wird beispielsweise schwarz-rot-weiss. Das Volkswissen, Dreifärber seien immer weiblich, hat seinen genetischen Grund.

Im Jahre 1947 schlug der britische Genetiker Haldane dem Studenten Searle vor, die Katzen Londons nach genetischen Gesichtspunkten zu klassifizieren. Und da etwa zehn verschiedene Gene mit ihren Mutanten allein durch den Blick auf das Fell der Katze erkennbar sind, musste Searle lediglich durch Londons Strassen und Katzenheime streifen, um die Häufigkeit der verschiedenen Genmutanten festzustellen. Drei Jahre später machte ein Japaner ein Inventar der Genhäufigkeiten für die Katzen von Mishima; Studien für weitere Gegenden folgten. Hätten diese ersten Beobachtungen für die einzelne Genvariante jeweils ähnliche Häufigkeiten ergeben, wäre der neue Forschungszweig bald uninteressant geworden. Es zeigten sich indes enorme Unterschiede, was den Gedanken weckte, die lokalen Unterschiede könnten die Besiedlungsgeschichte des Menschen widerspiegeln. Denn

Das Fell der Hauskatze kann Auskunft über die Besiedlungsgeschichte der Menschen geben.

auf welches Neuland der Pionier seinen Fuss auch setzt, er hat fast immer das Kätzchen aus der alten Heimat als Begleitung.

Diese Migrationshypothese der Katzengenetik zu testen ist in Europa recht schwierig, denn das jahrtausendlange menschliche Hin und Her auf dem Alten Kontinent hat auch die Katzengruppen tüchtig durcheinandergewürfelt. 1964 untersuchte der Amerikaner Neil Todd die Genhäufigkeiten in New England, wo Hauskatzen erst im Jahre 1620 mit den Pilgervätern der «Mayflower» an Land getrippelt sind. Und nachdem 1979 der englische Doktorand Andrew Lloyd diese Beobachtungen auf 6500 Katzen an 35 verschiedenen Orten zwischen New York und Neufundland ausgeweitet hatte, lag eine Datenfülle vor, die eine klare Antwort erhoffen liess.

In der Tat. Die Katzen von New England sind den Katzen der britischen Inseln genetisch ähnlich. Bei den beiden Mutanten «Fellfarbe weiss» und «langes Haar» zeigt sich allerdings eine deutliche Zunahme der Häufigkeit von Süden nach Norden. Hier ist als Selektionskriterium das Klima zu vermuten, denn auch bei vielen Wildtieren findet sich ein weisser und langhaariger Pelz im rauhen, winterlichen Norden häufiger. Ausgesprochene Lokalgeschichte manifestiert dann aber die Mutante «Vielzehigkeit». Schon 1848 hatte eine irische Immigrantin aus Boston in die alte Heimat geschrieben, bei ihnen gebe es viele Katzen mit zusätzlichen Zehen an den Füssen. Da solches noch heute bei Katzen in Europa unbekannt ist, muss diese Laune der Natur in New England entstanden sein. Und höchstwahrscheinlich in Boston, denn heute haben dort 15 Prozent aller Katzen bis zu zehn zusätzliche Zehen. Je weiter aber Katzen von Boston entfernt leben, desto seltener wird Vielzehigkeit. Zurzeit hat diese Mutante fast New York erreicht, woraus sich eine Ausbreitungsgeschwindigkeit von etwa einem Kilometer pro Katzengeneration abschätzen lässt.

New York selber brachte den Katzengenetikern eine weitere Überraschung. Dort findet sich häufig die kurzhaarige, weissgefleckte Katze und nur ganz selten ein rotes Fell. Sucht man in Europa nach dem ähnlichen Mutantenmix, wird man in Amsterdam fündig: die Katzen der Stadt New York sind noch immer die Katzen der Immigranten von New Amsterdam. Die genetische Distanz zur heutigen Katzenpopulation von Amsterdam ist sogar kleiner als zu den Katzen der Orte im nahen New England. Dies ist um so verwunderlicher, als die von den Holländern 1626 gegründete Kolonie auf der Insel Manhattan bereits 1664 von den Engländern übernommen worden ist. Und während das Menschengesicht in New York heute alles andere als Holland widerspiegelt, hat das Katzenfell die frühe Besiedlungsgeschichte mehr als drei Jahrhunderte konserviert. Man muss vermuten, dass Katzenpioniere, nachdem sie einmal Fuss gefasst haben, späteren Katzenimmigranten genetisch keine Chance lassen. So unabhängig uns Katzen im täglichen Verhalten erscheinen mögen, an ihrem Territorium hängen sie mit grösster Dickköpfigkeit.

Das hat Lloyd auf die Idee gebracht, anhand der Katzenfelle die Besiedlungsgeschichte selbst in ihrer feinsten Verästelung nachzuvollziehen. So gibt es in Yarmouth im kanadischen Neuschottland viele Katzen mit zusätzlichen Zehen. Aber im nur 100 Kilometer nördlich von Yarmouth gelegenen Digby fanden die Forscher kein einziges Tier mit dieser Mutation. Die Erklärung: Yarmouth ist vor über 200 Jahren von Boston aus besiedelt worden und ist, trotz der geographischen Distanz von 500 Kilometern, ein Katzenvorort von Boston geblieben. Digby jedoch war Refugium der im amerikanischen Unabhängigkeitskrieg im Jahre 1783 aus New York vertriebenen Loyalisten, welche in ihrem Fluchtgepäck auch ihre «holländischen» Miezen mitnahmen.

Und ähnlich lässt sich die Besiedlung der beiden Inseln Saint-Pierre und Miquelon vor der Südküste von Neufundland rekonstruieren. Die Katzen dieses kleinsten französischen Überseedepartements sind genetisch deutlich verschieden von allen andern der 35 untersuchten nordamerikanischen Katzenpopulationen. Erstaunlicherweise liess sich aber keine Ähnlichkeit mit Katzen des französischen Mutterlandes finden. Bis 1986 erstmals eine genetische Studie der Katzen von Bordeaux gemacht wurde. Jetzt zeigte sich eine fast perfekte Übereinstimmung der Katzen der französischen Hafenstadt mit den Inselkatzen jenseits des Atlantiks, wobei die Ähnlichkeit weit grösser ist als die zwischen den Katzen von Bordeaux und dem übrigen Frankreich. Ist bei diesen Beispielen die Besiedlungsgeschichte auch unabhängig von der Hauskatzenforschung bekannt, wollen die Katzengenetiker jetzt ihre Methoden einsetzen, wo die historischen Quellen nur dürftig sind. Etwa bei der Frage, wer von den Portugiesen, Engländern, Holländern oder Arabern welche Orte an der Westküste Afrikas besiedelte.

Seit 1947 sind über 300 lokale Katzenpopulationen genetisch studiert worden. So 1981 auch für die Gegend von Konolfingen bei Bern. Die Amerikanerin Sylvia Kerr wollte hier prüfen, wie sich Mutanten in ländlichen Gebieten ausbreiten. Wie ähnlich sind sich die Katzen der benachbarten Orte Niederhünigen, Oberhünigen, Freimettigen und Stalden? Und bedeuten die Hügel zwischen diesen Weilern und den nördlicher liegenden Orten Zäziwil und Bowil für die Katzen eine Barriere? Die Studie ergab, dass Berner Katzen von den übrigen Europas markant verschieden sind. So haben sie deutlich häufiger ein helleres Fell oder tragen ein weissgemustertes Kleid. Auch ist die Mutante «blotched tabby», welche die Streifen eines «Tigerlis» wirbelartig verformt, im Bernbiet leicht häufiger als in Wien, aber viel seltener als im Waadtland, wo dieses typisch englische Fellmerkmal über Frankreich eingewandert ist. Vergleicht man indes die Katzen der sechs Berner Orte untereinander, findet man keine wesentlichen Unterschiede. Die Hügel der Umgebung scheinen Kater und Kätzin also nicht zu bremsen. Oder bringt die Berner Landfrau in ihrem Körbchen der Kollegin über dem Hügel gelegentlich ein junges Kätzchen mit?

Das Leben hat im Laufe der Jahrmillionen gelernt, mit den widrigsten Umständen fertig zu werden. Es gibt Tiere, die in arktischer Kälte überleben können. Andere scheinen sich in der heissen Trockenheit der Wüste wohl zu fühlen. Steigt dort allerdings die Temperatur gegen Mittag höher und höher, wird es auch den Hitzespezialisten zu heiss: sie graben sich im Wüstensand zu kühleren Schichten hinunter und warten auf den Sonnenuntergang.

Je kleiner das Tier, desto ungünstiger ist das Verhältnis von Körpervolumen zu Körperoberfläche. Ein Konstanthalten der Körpertemperatur bei steigender Umgebungstemperatur wird deshalb bald einmal unmöglich. So könnten kleine Wüstensäuger noch so viel schwitzen, sie würden die Hitze doch nicht meistern – ganz abgesehen von der Schwierigkeit, das für die physiologische Verdunstungsanlage nötige Wasser zu finden. Der Körper kleiner, in der Wüste heimischer Säugetiere besitzt deshalb keine Schweissdrüsen. Die Tiere überbrücken die Tagesglut im Untergrund und tummeln sich erst unter dem Sternenhimmel im Freien.

Wenn die Sonne um die Mittagszeit die sandige Oberfläche der Sahara heisser und heisser werden lässt, scheint jedes tierische Leben verschwunden. Wer gut beobachtet, sieht indes plötzlich silberglänzende Ameisen auf langen Beinen mit irrer Geschwindigkeit über die Dünen flitzen. Und immer wieder rennen sie auf einen zufällig am Weg stehenden Pflanzenhalm, verharren dort einige Sekunden, um alsbald den Backofensprint wieder aufzunehmen. Nach etwa 30 Minuten ist der Spuk vorbei. Die einen Zentimeter grossen Tiere haben sich in dieser Zeit vielleicht 200 Meter weit vom Eingang des unterirdischen Nestes entfernt und sind schliesslich schnurstracks in das schützende Heim zurückgekehrt; mit Geschwindigkeiten bis zu einem Meter pro Sekunde.

Setzt man dieses Tempo in Relation zur Körpergrösse, spurten die Winzlinge schneller als jeder andere Erdbewohner – ein Windhund etwa müsste in einer Sekunde 100 Meter schaffen. Wer es so eilig hat, dem muss es unter den Sohlen brennen.

Rüdiger Wehner vom Zoologischen Institut der Universität Zürich studiert seit vielen Jahren das Leben der Wüstenameisen der Gattung *Cataglyphis*. Dabei interessiert ihn unter anderem, wie sich der Insektenkörper dem Leben in der Hitze angepasst hat und mit welchen Verhaltensstrategien die verschiedenen Arten der Hitze begegnen.

Im Hochsommer 1987 untersuchte er, zusammen mit seiner Frau Sibylle und dem afrikanischen Assistenten Alan Marsh, in den Sanddünen der tunesischen Sahara die Wüstenameise *Cataglyphis bombycina*. Was das Forscherteam entdeckte, stellt alles in den Schatten, was bisher an Überlebenskunst unter solchen Bedingungen bekannt gewesen war.

Cataglyphis bombycina (Wehner nennt sie wegen ihres hübschen Silberkleids «Silberameise») lebt von jenen Insekten und Spinnentieren, die nach der nächtlichen Futtersuche der aufkommenden Hitze des Wüstentages nicht rasch genug entfliehen konnten und schliesslich tot auf dem Sand liegenblieben.

Eine Silberameisenkolonie verfügt über ein grosses unterirdisches Nest mit einer Vielzahl kleiner Ausgänge zur Oberwelt. Ein Team von etlichen hundert Spezialisten hat nun die heikle Aufgabe, dann, wenn die andern Insekten und Spinnen längst wieder an der Kühle sind, nach draussen zu stürmen, um die Wüstenleichen als Futter für die eigene Kolonie nach Hause zu schaffen. Temperaturmessungen auf verschiedener Höhe über dem Wüstenboden haben ergeben, dass die Ameisen ihr Nest für den Sprint genau dann verlassen, wenn kurz nach Mittag die Temperatur vier Millimeter über dem Boden auf 46 Grad geklettert ist.

Die vier Millimeter sind deshalb wichtig, weil die extralangen Beine der Ameise ihren Körper auf dieser Höhe halten. Und da die Temperatur direkt am Boden ohne weiteres 10 Grad heisser sein kann als auf vier Millimeter Höhe, ist die Langbeinigkeit bereits ein erster Überlebenstrick.

Um zu wissen, wann es draussen 46 Grad geworden ist, erscheinen einzelne Ameisen immer wieder am Nestausgang und messen (mit einem noch nicht geklärten biologischen Verfahren) laufend die Lufttemperatur. Ist die gewünschte Temperatur erreicht, alarmieren die Temperaturwächter mit Duftstoffen die in den obersten Nestkammern wartende Sammlerbrigade. Und wie beim Startschuss zum Massenmarathon stürmen Hunderte auf einmal in die glühende Sahara hinaus, um in allen Richtungen nach den nahrhaften Leichen zu suchen.

Sie rennen um ihr Leben. Denn innert Sekunden hat der Ameisenkörper die Temperatur der heissen Luft angenommen. Und jede Minute steigert unbarmherzig die Hitze. Steigt so die Körpertemperatur schliesslich auf 54 Grad, ist selbst der Hitzeweltmeister unter den Landtieren am Anschlag: die Laufbewegungen der Ameise werden unkoordiniert, und bei 55 Grad stirbt das Tier.

Das Zeitfenster für den Temperaturanstieg von 46 auf 54 Grad beträgt nur etwa eine halbe Stunde. Dann hat die Silberameise entweder glücklich eine Beute ins Nest zurück geschleppt; oder sie ist mit leerem Greifkiefer heimgekehrt; oder sie teilt das Schicksal der Hitzeleichen, derentwegen sie ihren Wüstenspurt unternommen hat.

Das horrende Lauftempo verschafft der Silberameise wohl etwas kühlenden Fahrtwind. Trotzdem muss sie öfter Hitzepause machen. Um von der heissen Sandfläche wegzukommen, klettert sie auf Pflanzenhalme oder irgendeine Erhöhung (gelegentlich auch ein Forscherbein) und verharrt dort einige Sekunden bewegungslos in den kühleren Luftschichten. Die

Hitzepausen beanspruchen 30 bis 80 Prozent der wertvollen Suchzeit.

Der Ameisenkörper hat ausserdem im Laufe der Evolution einen physiologischen Hitzeschutz entwickelt. Wie molekularbiologische Untersuchungen zeigten, hat *Cataglyphis* während des ganzen Wüstensprints «Hitzeschockgene» eingeschaltet, die im Körper spezielle Eiweisse produzieren. Diese schützen die wichtigsten Körperfunktionen vor übermässigem Hitzestress.

Nähert sich die Körpertemperatur der Ameise auf der höllischen Tour 55 Grad, kann der biologische Hitzeschutz nicht mehr mithalten. Um nicht zu sterben, muss das Tier rasch zum Nest zurückfinden. Wie weiss es aber nach hektischem Zickzack über Hunderte von Metern, wo in der Öde der millimetergrosse rettende Eingang ist? In einem mehrjährigen Forschungsprojekt haben Wehner und sein Team in einer topfebenen Salzpfanne der tunesischen Wüste an der Ameisenart *Cataglyphis fortis* untersucht, mit welchen Navigationsverfahren sich die Tiere orientieren. Das erstaunliche Resultat: Mit ihren Facettenaugen kann die Ameise das für unser Auge unsichtbare Polarisationsmuster des Himmelslichts lesen.

Wie die Forschungsgruppe in ihrem Labor in Zürich herausfand, besitzen Ameisen (und auch Bienen) im Auge ein neuronales Abbild des Himmelsmusters. Mit diesem Passfilter aus spezialisierten Sehzellen und nachgeschalteten Nervenzentren registriert das Tierhirn laufend die Winkel der Richtungsänderungen und weiss so immer, in welcher Richtung das Nest liegt.

Um dieses Orientierungsverhalten zu untersuchen, sprayten die Forscher mit weisser Farbe ein riesiges Koordinatennetz auf den Wüstenboden und verfolgten die Ameise mit einem Handwagen, der dank einem raffinierten System von Linsen und Polarisationsfiltern die optischen Informationen der Ameise nachvollziehen konnte. Es muss für einen zufällig vorbeikommenden Kameltreiber ein merkwürdiger Anblick gewesen sein, den Europäer mit dem seltsamen Gefährt scheinbar ziellos durch die Landschaft irren zu sehen.

Zum Verhalten der Silberameise drängt sich eine weitere Frage auf. Warum beginnt sie ihren Beutezug erst bei 46 Grad und hetzt sich in der steigenden Wüstenhitze fast zu Tode, anstatt bereits am kühlen Morgen auf Jagd zu gehen? Die Antwort heisst *Acanthodactylus dumerili*, eine Wüsteneidechse. Sie ist der grosse Fressfeind der Silberameise und hat ihren Unterschlupf meist in der Nähe des Ameisennestes. Setzt man Silberameisen frei, bevor es vier Millimeter über dem Boden 46 Grad warm geworden ist, werden sie innert Minuten von der Eidechse konsumiert. Aber just etwa ab diesen 46 Grad wird es der Eidechse zu heiss, und sie muss sich in ihren Bau verziehen. In feiner ökologischer Abstimmung hat also die Silberameise gelernt, jenes schmale Temperaturband zu nutzen, in dem hitzemässig nur noch sie, nicht aber ihr Feind mithalten kann.

Die Gratwanderung zwischen Gefressenwerden und Hitzetod lässt einen Leichensammler allerdings im Durchschnitt nur sechs Tage alt werden. In seinem kurzen Leben bringt er jedoch als Beute das 15- bis 20fache seines Körpergewichts zum Nest zurück. Womit auch im brutalen Hitzeroulette die soziobiologische Rechnung stimmen dürfte.

Mondsüchtiger Nautilus?

Die Zeit diktiert jedes Kommen und Gehen. Mit Uhren glaubt der Mensch, sie fassen zu können – dabei registrieren sie lediglich das Unaufhaltsame. Auch die Natur hat Uhren. Wie variantenreich diese natürliche Zeitmessung ist, hat erst die moderne Wissenschaft erkannt. So dokumentiert der Baum mit seinen Jahrringen den Zeitenlauf und registriert das klimatische Auf und Ab während Jahrhunderten. Und der statistisch präzise Zerfall radioaktiver Isotope gibt Auskunft über das Alter von Textilien noch nach Jahrtausenden.

Biologische Chronometer ticken auch im Meer. Muscheln tragen auf der Aussenseite der Schale Jahrringe, die durch das verminderte Einlagern von Kalziumkarbonat während der kalten Wintermonate entstehen. Der Schalenquerschnitt bestimmter Meeresmuscheln zeigt bei mikroskopischer Untersuchung sogar das Muster der halbtäglichen Gezeiten inklusive zweiwöchentlicher Spring- und Nippflut. Vor dreissig Jahren fanden Forscher an Korallen der Karibik im jährlichen Skelettzuwachs etwa 360 Anwachslinien – zweifelsohne Abbild eines marinen Tagestaktes. Das Staunen war gross, als an fossilen Korallen aus dem Karbon-Zeitalter 390 Anwachslinien pro Jahrgang gefunden wurden. Die Erklärung ist simpel und trotzdem spektakulär: In jener geologischen Epoche vor rund 300 Millionen Jahren drehte sich die Erde schneller um ihre Achse als heute, und das Jahr hatte deshalb 390 Tage. Seither hat sich die Rotationsgeschwindigkeit der Erdkugel durch die Reibung der Gezeiten auf die heutigen 365 Umdrehungen pro jährlicher Runde um die Sonne verringert.

Einer ähnlichen Sensation waren 1978 zwei junge amerikanische Wissenschafter auf der Spur. In der Überzeugung, dass viele interessante Fragen der Natur nur zu lösen sind, wenn Fachleute verschiedener Disziplinen gemeinsam forschen, machten sich der Geologe Peter Kahn und der Astronom Stephen Pompea auf die Suche nach einer paläobiologischen Uhr für die Verlängerung des Monats im Laufe der Jahrmillionen. Denn wie der Mond mit den Gezeiten die Erddrehung bremst, wirken die gleichen Kräfte auf den Mond selber und verlangsamen seinen monatlichen Gang um die Erde. Ein solches Langsamerwerden bringt ihn automatisch auf eine grössere Umlaufbahn; der Mond entfernt sich also stetig von der Erde.

Kahn und Pompea suchten ein biologisches Wesen, dessen Vorahnen schon zu Zeiten lebten, als der Mond uns viel näher stand. Sie fanden Nautilus, ein hochentwickeltes Weichtier, das heute in indopazifischen Gewässern lebt und sich als nächtlicher Bodenjäger in Tiefen zwischen 50 und 650 Metern von Krebsen und Aas ernährt. Nautilus ist die einzige noch lebende Gattung der Kopffüsser mit einem gekammerten Aussengehäuse. Und da die Ahnenreihe bis 500 Millionen Jahre zurückreicht, versprach das Studium fossiler Exemplare von Nautilus Einblick in die Jugendzeit der Erde-Mond-Beziehung.

Schneidet man das Haus des Nautilus der Länge nach auf, zeigt sich eine wunderschöne Struktur: In einer perfekten, logarithmischen Spirale reiht sich von innen nach aussen eine Kammer nach der andern. Das Tier beginnt sein Leben in einem ersten winzigen Zimmerchen und baut sich dann alle paar Wochen mit Perlmutter eine weitere Kammer an das Haus.

Gewohnt wird jeweils in der äussersten und jüngsten Kammer. Über in die Zwischenwände eingebaute Verbindungsröhrchen füllt der Kopffüsser die verlassenen, inneren Zimmer dosiert mit Flüssigkeit und Gas. Damit reguliert er den Auftrieb und gleicht in der Tiefe den hydrostatischen Druck aus.

Untersucht man die Schale des Nautilus unter dem Mikroskop, zeigen sich einzelne Wachstumslinien. Als die Forscher bei einem Exemplar aus unserer Zeit pro Kammer jeweils etwa 30 Linien fanden und sich diese Zahl von der ältesten bis zur jüngsten Kammer wiederholte, kam der Gedanke, es werde jeden Monat eine neue Kammer gebildet und die Wachstumslinien seien der Tagestakt. Da man von Nautilus wusste, dass er in der Nacht jeweils von der Tiefe ins seichte Wasser wechselt, war ein entsprechender Stoffwechsel- und Wachstumsrhythmus plausibel. Und weil von andern Mollusken ein Skelettwachstum im Takte der Gezeiten bereits bekannt war, schien das Entstehen der Kammerwände im Monatstakt ebenfalls vernünftig.

In naturhistorischen Museen gibt es fossile Nautilus-Schalen aus den verschiedensten geologischen Epochen. Kahn und Pompea zählten die Wachstumslinien an 184 verschiedenen Kammern von 9 heutigen und 29 fossilen Nautilus-Schalen. Dabei ergaben sich für die heutigen Tiere pro Kammerabschnitt immer zwischen 28 und 34 Linien. Die Fossilien aber zeigten eine reduzierte Linienzahl, und je weiter zurück aus der geologischen Vergangenheit die Fossilien stammten, desto kleiner war die Linienzahl. Die fünf ältesten Nautilus-Exemplare hatten ein Alter von 420 Millionen Jahren, und sie trugen pro Kammer gerade noch 8 oder 9 Linien. Stimmte die Hypothese der beiden Forscher, dauerte vor 420 Millionen Jahren der Monat also nur etwa neun Tage. Und der Mond hätte bei einer solchen Umlaufgeschwindigkeit anstatt 380 000 Kilometer wie heute nur 150 000 Kilometer über der Erde gekreist.

Die von Kahn und Pompea aus den Nautilus-Fossilien berechnete Vergrösserung des Erde-Mond-Abstandes zeigt für die verschiedenen Epochen kein gleichmässiges Bild, was insofern verständlich ist, als die Gezeitenreibung stark von der momentanen Lage der Kontinente, der Höhe des Meeresspiegels und auch von der Distanz Erde–Mond abhängt. Aus den jüngsten Fossilien berechneten die Forscher, dass sich der Mond in den letzten Jahrmillionen etwa 100 Zentimeter pro Jahr von der Erde entfernte.

Ein erster Vergleich mit astronomischen Daten ergab eine grosse Diskrepanz: Aus historischen Auzeichnungen von Sonnenfinsternissen lässt sich auf einige tausend Jahre zurück eine Zunahme der Mondentfernung von lediglich knapp 6 Zentimetern pro Jahr berechnen. Kahn und Pompea suchten in ihrer wissenschaftlichen Veröffentlichung nach Argumenten, warum der aus den Nautilus-Fossilien berechnete Wert für lange Zeiträume allenfalls doch richtig sein könnte. Das Bessere ist der Feind des Guten: 1969 stellte die Crew von Apollo 11 einen Laserreflektor auf den Mond. Mit einem Laserstrahl konnte nun von der Erde aus die Distanz zum Mond auf den Millimeter genau ermittelt werden. Und es zeigte sich, dass sich heute der Mond pro Jahr um 3,7 Zentimeter von der Erde entfernt. Ein Resultat, das die mit Hilfe der Nautilus-Fossilien gefundenen 100 Zentimeter immer unwahrscheinlicher werden liess.

Vollends ins Wanken kam die Hypothese des fossilen Monatskalenders, als es in den achtziger Jahren verschiedenen Forschergruppen gelang, die Wachstumsgeschwindigkeit der Nautilus-Kammern im Labor direkt zu beobachten. Die für das Wachstum einer Kammer benötigte Zeit schwankte in einem weiten Bereich; bei einer Forschergruppe waren es zwischen 50 und 80 Tage, bei einer andern zwischen 85 und 132 Tage. Und die Wachstumsgeschwindigkeit pro Kammer blieb im Laufe der Entwicklung eines Individuums keineswegs konstant, sondern verlängerte sich im Erwachsenenalter der Tiere auf mehr als ein halbes Jahr. So suggestiv für Kahn und Pompea die Zahl von 30 Wachstumslinien pro Kammer gewesen sein mag, mit der Länge des Monats hat sie wohl nichts zu tun.

Ich wollte von Kahn und Pompea erfahren, wie sie heute über ihre damalige Arbeit denken. Pompea erreichte meine Anfrage an seinem heutigen Lehrstuhl für Astrophysik an der Universität von Arizona. Er gibt ohne weiteres zu, dass seine Hypothese den späteren Tests nicht standgehalten hat. Trotzdem findet er seine damalige Arbeit sinnvoll, denn erst dank jener Publikation sei der rätselhafte Nautilus zum weltweiten Forschungsthema geworden.

Kahn zu finden war schwieriger. Seine damalige Berliner Universität retournierte meinen Brief mit der Bemerkung «Irrläufer». Eines Tages rief Kahn unverhofft aus London an. Er habe von Pompea gehört, ich suchte ihn. Ja, er sei sich bewusst, dass die von ihnen damals berechneten Werte unrealistisch seien. Er sei aber noch immer überzeugt, mit Nautilus und den verwandten Fossilien wichtige Naturuhren gefunden zu haben – nur wisse man noch nicht, wie schnell diese liefen. Und was er zurzeit erforsche, fragte ich Kahn. «Leider habe ich an der Hochschule keine Stelle gefunden. Deshalb arbeite ich jetzt als Geologe in der Erdölindustrie, wo Fossilien nur als Produktionsfaktor interessieren.» Auch dies ein Aspekt moderner Wissenschaft.

Der Regenwurm hat keine Augen. Über seine Körperoberfläche verteilt sind jedoch lichtempfindliche Zellen, die Sehfarbstoff enthalten und damit einen Lichtstrahl in ein elektrisches Nervensignal umwandeln. Kann der Regenwurm mit seinem primitiven Lichtsinn Hell von Dunkel unterscheiden, verfügt der Bussard über ungleich bessere optische Möglichkeiten. Seine Augen sind im zentralen Teil der Netzhaut mit einer Million Sehzellen pro Quadratmillimeter bestückt, was ihn eine Maus noch aus mehreren hundert Metern Flughöhe erkennen lässt. Zwischen beiden Extremen liegt die Vielfalt optischer Einrichtungen, welche die Natur im Laufe von Jahrmillionen entwickelt hat.

Jedes Tier hat das seiner Lebensweise am besten angepasste Auge. Beim Gepard erstreckt sich eine Zone besonders scharfen Sehens als horizontaler Streifen über die ganze Netzhaut – die biologische Antwort auf die Silhouette des fernen Steppenhorizontes. Die Eule muss ihre Beute bei fast völliger Dunkelheit im Luftangriff packen können. Ihr Auge verzichtet deshalb auf die farbempfindlichen Zapfenzellen und setzt voll auf die Karte der für Hell/Dunkel spezialisierten Stäbchenzellen. Das spärliche Licht sammeln die Eulenaugen mit riesigen Pupillen; ein Schlafzimmerblick schützt das hochsensible Sehorgan vor dem schrecklich hellen Tageslicht. Der Sichtwinkel der beiden Eulenaugen überlappt sich im weiten Bereich von 70 Grad, was hervorragendes räumliches Sehen und somit präzise Distanzmessung ermöglicht. Damit nun das Tier trotz seiner Vorwärtsstrategie gelegentlich doch sieht, was in seinem Rücken passiert, kann es den Kopf um volle 180 Grad nach hinten drehen.

Für die Gazelle wäre solche Spezialisierung auf scharfes Distanzsehen Luxus. Sie braucht kein Jagdauge, denn die Kräuter laufen nicht davon. Aber plötzlich kann aus dem Nirgendwo ihre grosse Feindin, die Löwin, auftauchen. Die Gazelle muss deshalb die Umgebung dauernd grossräumig überwachen, mit Augen, die seitlich am Kopf stehen und so einen sehr grossen Raumwinkel erfassen.

Für die Bedürfnisse der Insekten hat die Natur mit dem Facettenauge wiederum eine eigene Lösung gefunden. Anstatt wie beim Säugetier durch eine verstellbare Linsenoptik das gesamte Bild auf die Nethaut zu projizieren, empfängt das Facettenauge über Tausende von keilförmigen Miniaugen (bei Grosslibellen sind es bis zu 28 000) jeweils nur einzelne Lichtpunkte, die erst in ihrer Gesamtheit das Bild ergeben. Ein Bild, das zwar einen enorm grossen Raumwinkel umfasst, aber im Vergleich zum menschlichen Auge hundertmal weniger detailliert ist. Seine Qualität zeigt das Facettenauge indes in der Geschwindigkeit, mit der es Bilder erkennt: Bedeutet ein sechzigfaches Flackern pro Se-

Schneeeule und Bartkauz. Ihren Augen entgeht selbst in der Dunkelheit nichts.

kunde für uns Menschen das Maximum zeitlicher Bild-
auflösung, bringt es die Schmeissfliege auf 160 Bilder
pro Sekunde. Was schliesslich einem Fliegenmänn-
chen erlaubt, dem begehrten Weibchen in wildester
Luftakrobatik zu folgen und auf weibliche Kursände-
rungen mit einer Verzögerung von lediglich 15 Milli-
sekunden zu reagieren.

Zu welchen phantastischen Flugleistungen solche
Bildverarbeitung führen kann, zeigen Hochgeschwin-
digkeits-Filmaufnahmen. Schwebfliegen der Gattung
Syrphus, die man im Wald in der Luft stillstehen sieht,
wo das Sonnenlicht durch die Bäume fällt, sind perfekte Abfangjäger. Sehen sie eine Beute vorbeifliegen,
analysieren sie blitzschnell die fremde Flugbahn, extra-
polieren auf Grund der momentanen Flugparameter,
wo sich die Beute in etwa einer halben Sekunde befinden wird, und steuern schnurstracks auf jenen Raum-
punkt zu. Die Forscher haben versucht, dem Tierchen
ein Schnippchen zu schlagen: Als Beute schossen sie
mit einer Schleuder der Fliege Erbsen vor die Nase.
Nach einer Serie erfolgreicher Jagdexperimente ban-
den sie die Erbse an einen Faden und stoppten sie so
mitten im Fluge. Die Fliege brauchte nur eine Zehn-
telssekunde, bis sie merkte, dass hier mit der Taktik des
Wegabschneidens nicht ans Ziel zu kommen war. Sie
brach den errechneten Abfangkurs unverzüglich ab
und verfolgte die Beute im Direktflug.

Dass sich die Natur betreffend Augen besonders
viel einfallen liess, hat seinen tieferen Grund in der
überragenden Bedeutung, die optische Informationen

für Mensch und Tier haben. Denn mit den Augen erkennt die Kreatur die Form anderer Lebewesen, kann auf Distanz Feind von Artgenosse unterscheiden und auf Grund der Dimensionen auch schon dessen individuelle Gefährlichkeit oder Attraktivität abschätzen. Manche Tiere vergrössern deshalb aktiv ihren Umriss, indem sie Haare sträuben, Schwanzfedern spreizen oder, im Falle des Kugelfisches, sich kurzerhand zum abschreckenden Monster vollsaufen. Auch Muster und Farben haben Signalcharakter: plakativ warnend bei gewissen Gifttieren (und deren harmlosen Imitatoren), sexuell auffordernd innerhalb der einzelnen Tierart sowie als individuelles Unterscheidungsmerkmal, etwa indem das Zebrafohlen das Streifenmuster seiner Mutter bereits ab der zweiten Lebenswoche erkennt. Tatsächlich: Welcher Unterschied besteht zwischen der Japanergruppe, die dem Fähnchen ihrer Führerin durch die Museumshalle nachtrippelt, und den Leopardenkindern, die der weissen, über dem Steppengras pendelnden Schwanzspitze der Mutter folgen?

Der Gesichtssinn ist dem Tier derart wichtig, dass dort, wo die Physik dem Sehen entgegensteht, alles unternommen wird, um optisch dabeisein zu können. So stellt das Sehen unter Wasser spezielle optische Anforderungen, denn die Lichtstrahlen werden viel stärker gebrochen als in der Luft. Das Fischauge ist deshalb zur stark lichtbrechenden Kugel gewölbt. Streckt der Fisch aber seinen Kopf aus dem Wasser, wird sein Auge extrem kurzsichtig und somit nutzlos. In Mittelamerika lebt an der Oberfläche der Lagunen

Anableps anableps – das Vierauge. Die beiden Augen dieses Tropenfischchens sind durch ein Hautband waagrecht in zwei Hälften geteilt. Indem nun die Augenlinse im oberen Teil flach, im unteren aber kugelförmig gewölbt ist, kann der Fisch, die Wasserlinie just in der Augenmitte, gleichzeitig seine über dem Wasser surrende Insektenbeute und den unter Wasser heranpirschenden Raubfisch beobachten.

Eine weitere optische Knacknuss ist scharfes Sehen, während sich der Kopf bewegt. Dreht sich der Kopf um seine Hochachse, kann die Bildverschiebung durch eine entgegengesetzte Augenbewegung kompensiert werden. Anders jedoch beim Geradeausgehen, wo zwar vorne liegende Objekte auf der Netzhaut weiterhin scharf abgebildet werden, seitlich nahe Dinge aber eine mehr oder weniger grosse Bildverschiebung erfahren. Wie sich das optische Dilemma lösen lässt, zeigt die Taube: Indem sie beim Vorwärtsschreiten den Kopf gerade so rasch zurückschiebt, dass er relativ zum Boden in Ruhe bleibt, kann sie auch beim Spazieren die links und rechts liegenden Körner erkennen. Natürlich muss der stehengebliebene Kopf dem Körper in raschem Takt nachgeführt werden, was das Tier mit typischem Kopfnicken tut.

Augen sind Kinder des Sonnenlichts, weshalb unser Auge die höchste Empfindlichkeit dort hat, wo die Sonne am stärksten strahlt, im gelben Teil des Lichtspektrums. Auch die Augen der Tiere nutzen den intensivsten Teil des Sonnenlichts. Für gewisse Ziele kann es jedoch von Vorteil sein, sich auch der Wellenlängen am Rande des himmlischen Lichtspektrums zu bedienen. So sehen Insekten und auch manche Vögel das für uns Menschen unsichtbare Ultraviolett. Der Biene zeigen sich auf gewissen Blumen die verlockendsten Muster, wo wir nur eintönige Färbung sehen. Und einem Vogel lacht durch das Laubwerk das starke Ultraviolett der Wachsschicht einer Beere entgegen. Schlangen andrerseits sehen Infrarot, jenen langwelligen Teil des elektromagnetischen Spektrums, den wir lediglich als Wärmestrahlung empfinden. Mit zwei Gruben zwischen Nasenloch und Auge kann die Klapperschlange Temperaturunterschiede von einem hundertstel Grad erkennen und ihre Wärmeorgane sogar genau auf das Mäuschen im Erdloch fokussieren.

Bei aller Tüchtigkeit der Natur in Sachen Optik: die oberste Instanz beim Sehen ist schliesslich das Gehirn. So darf die Mücke auf dem Schilfblatt ganz ungestört vor den Glotzaugen des Frosches sitzen – erkennen kann dieser seine Beute nur, wenn sie sich bewegt. Auch beim Menschen ist das Sehen eine Frage der geistigen Motivation: Über Nacht entstehen in der Stadt neue Schaufenster voller Lampen, sobald wir beschlossen haben, eine Tischleuchte fehle noch zu unserem Glück.

*Bei den Eichhörnchen verpasst das Männchen dem Weibchen einen
Keuschheitsgürtel.*

Der Täuberich schnäbelt hingebungsvoll mit dem Weibchen, das Schmetterlingspaar zeigt einen harmonischen Flattertanz, der Antilopenbulle legt zärtlich das hornbewehrte Haupt an den Hals der Auserwählten. So sehr uns solche Beispiele liebender Tiere gefallen mögen – sie bedeuten meist nur einen kurzen Waffenstillstand im lebenslangen Geschlechterkampf. Denn das Gesetz der Natur heisst Eigennutz. Und tüchtig im Sinne der Evolution ist ein Männchen oder Weibchen nur, wenn es die eigenen Gene mit maximalem Egoismus weitervererben kann.

Zum Weitervererben braucht es jedoch kampflose Nähe. Je abweisender das Verhalten des Einzeltieres gegenüber seinen Artgenossen gewöhnlich ist, desto aufwendiger sind die Hochzeitsvorbereitungen. So gehen der Paarung der Antilopen ein Halskampf und etliches Fliehen und Einholen voran. Das Männchen der Springspinnen muss stundenlang vor dem Weibchen tanzen und mit seinen Tastern winken, damit es nicht gefressen, sondern als Sexualpartner erkannt wird. Bei mancher Tierart gehört zum männlichen Pflichtprogramm das Mitbringen eines Geschenkes.

Der Adelie-Pinguin legt dem Weibchen einen runden Stein zu Füssen; die Chancen des Heiratsantrages sind besonders gross, wenn der Stein von roter Farbe ist. Der Fuchs bringt der Fähe eine tote Maus, Spinnen und Fliegen bringen als Brautgeschenk ein Insekt. Bei den Tanzfliegen spinnt das Männchen sein Geschenk vorher in Seide ein, die es in seinen Speicheldrüsen produziert. Die Verpackungskultur bringt handfesten Vorteil: denn während das Weibchen mit Auspacken beschäftigt ist, kopuliert das Männchen und macht sich davon, noch bevor das Weibchen seine Fresslust auf den körperlich unterlegenen Sexualpartner richtet. Die Päckchentaktik auf die Spitze getrieben hat jene Tanzfliegenart, bei der das Weibchen während des Geschlechtsakts geduldig Faden um Faden des Paketes löst – um schliesslich, wenn das Männchen längst wieder über alle Berge ist, anstatt eines Leckerbissens nur Leere zu finden.

Zur temporären Beschwichtigung der Partneraggression werden auch die sanften Saiten der programmierten Brutpflege gezupft. Hat ein männlicher Feldsperling eine Nisthöhle gefunden, wartet er auf ein vorüberfliegendes Weibchen. Er spielt nun aber keineswegs den imponierenden Herrn, sondern plustert sich wie ein Jungvögelchen auf und tschilpt mit mutterherzerweichender hoher Stimme. Vergisst hier das Weibchen vor lauter Fürsorge seine übliche Männerfeindlichkeit, sind es bei andern Vogelarten die Weibchen, die das Kleinkinderrepertoire zum Partnerfang nutzen: Sie machen sich vor ihrem Brutpartner möglichst klein und sind mit zitternden Flügeln und bettelnder Stimme die kindliche Hilflosigkeit in Person. Ähnliches findet sich selbst beim höchstentwickelten Säugetier, bei dem unter anderem besänftigendes Streicheln, verbale Niedlichkeiten wie Schätzchen, Mäuschen, Schnuckiputzi sowie das symbolische Futtergeben von Mund zu Mund zum Einsatz kommen.

Es mag in Anbetracht der geschlechtlichen Ambivalenz erstaunen, dass sich bei gewissen Tierarten Männchen und Weibchen lebenslang die Treue halten. Monogam leben beispielsweise Wildgänse, Buntbarsche und (bei den Primaten eher eine Ausnahme) die Gibbons. Sucht man nach den Gründen für solche sexuelle Treue, findet sich meist ein spezifischer Nutzen bei der Verteidigung des Lebensraums oder bei der Brutpflege – und damit letztlich ein Nutzen für das Weitergeben der eigenen Erbmasse. In der Regel aber ist ein Zusammenbleiben der Partner nach der Kopulation wenig sinnvoll, denn ein Männchen kann viel mehr Eier befruchten, als ein einziges Weibchen produziert, und für das Weibchen genügt es, wenn ein Männchen zum passenden Zeitpunkt seinen Samen liefert.

Deshalb konkurrieren zumeist die Männchen untereinander um den Zugang zu möglichst vielen Weibchen. Und es sind fast immer die Weibchen, die aus dem sexuellen Angebot schliesslich die Wahl treffen. So bevorzugen weibliche Rauchschwalben Männchen mit ausgeprägt langen Schwanzfedern, denn solche Langschwänzigkeit ist Ausdruck hoher genetischer Qualität. Und der ältere Pfauenherr mit dem besonders prächtigen Federkleid ist vermutlich deshalb der

Liebling der Damen, weil ein Überleben solcher Üppigkeit in der rauhen Welt von grosser Kraft und Tüchtigkeit zeugt.

Ist für Männchen Vielweiberei in aller Regel ein genetischer Vorteil, entscheiden Weibchen mitunter gezielt, ob sie die alleinige Frau eines Männchens sein oder ob sie ihren Partner mit einer Rivalin teilen wollen. Eine Untersuchung an nordamerikanischen Singvögeln hat gezeigt, dass der weibliche Entscheid von der Qualität der verfügbaren Brutreviere abhängt. Je besser geeignet ein vom Männchen verteidigtes Territorium hinsichtlich Nistmöglichkeiten, Nahrungsangebot, Mikroklima und Deckung für das Ausbrüten und Aufziehen von Jungen, desto eher lassen sich Weibchen dort nieder.

Ist nun ein Revier wesentlich besser als das Nachbarterritorium, kann es sich für ein Weibchen lohnen, sich dort einem bereits ansässigen Paar als Nebenfrau anzuschliessen, anstatt dem Besitzer des schlechteren Reviers als Alleinfrau zu dienen. Ob Einzelehe oder Harem, scheint jedoch immer das Weibchen zu entscheiden; dem Männchen bleibt nur das Nachsehen, falls eine Dame ihren Vorteil anderswo sieht.

Um ihre individuellen genetischen Interessen wahrzunehmen, müssen sich Männchen oder Weibchen zuweilen noch für die Zeit nach dem Paarungsakt vorsehen. Bei der Fruchtfliege Drosophila überträgt das Männchen bei der Begattung mit den Spermien ein spezielles Sekret, welches das Weibchen zum Eierlegen stimuliert. Dieses eiweissartige Sexpeptid hat aber ausserdem zur Folge, dass das Weibchen jedes begattungswillige weitere Männchen mit Fusstritten verjagt und schliesslich durch Ausstossen des Eilege-apparates eine zweite Kopulation praktisch verunmög-licht. Das erste Männchen hat also zur Absicherung seines Fortpflanzungserfolgs der Braut einen chemi-schen Keuschheitsgürtel verpasst.

Es geht noch viel direkter. Die Eichhörnchen-männchen jagen im Frühjahr gleich rudelweise ein Weibchen durch das Geäst. So verzweifelt die weibliche Flucht erscheinen mag, die Dame weiss sehr wohl, wem sie sich durch Festklemmen ihres buschi-gen Schwanzes unter den Bauch verweigern und wem sie sich schliesslich öffnen will. Das auserwählte Männchen verlässt sich indes nicht auf die weibliche Willensstärke. Die mit speziellen Sekreten angerei-cherte Samenflüssigkeit wird innert Minuten nach der Kopulation wachs- bis gummiartig und verstopft als Pfropfen die Vagina – ein solides Hindernis gegen jeglichen Paarungsversuch weiterer Liebhaber.

Solche Vaginalpfropfen finden sich bei etlichen Nagerarten und insbesondere in der Familie der Hörnchen. John Koprowski von der Universität Kansas hat nun unlängst eine sehr erstaunliche Entdeckung gemacht. Als er das Paarungsverhalten von Fuchshörnchen und Grauhörnchen in den Nuss-bäumen auf dem Universitätsgelände studierte, beob-achtete er, wie die Weibchen innerhalb von weniger als dreissig Sekunden nach der Begattung den sich for-menden Vaginalpfropfen mit den Schneidezähnen packten und entweder frassen oder vom Baum herunterschmissen. Bei den 48 beobachteten Kopulationen entfernten die Weibchen in 29 Fällen umgehend den Keuschheitsgürtel. Weitere Befreiungsaktionen mögen später erfolgt sein; bei einem drei Stunden nach der Begattung gefangenen Weibchen war der Pfropfen hingegen noch intakt.

Koprowski vermutet, der Vaginalpfropfen und seine Entfernung widerspiegelten den Konflikt zwischen unterschiedlichen Fortpflanzungsstrategien von Männchen und Weibchen. Denn bei Eichhörnchen führt ein mehrmaliges Begatten durch verschiedene Männchen schliesslich zu einem Wurf mit Kindern von verschiedenen Vätern. Genetisch betrachtet ist eine solche geteilte Vaterschaft für ein Männchen höchst unvorteilhaft, weshalb der Keuschheitsgürtel den Alleinanspruch sichern soll. Das Weibchen indes entledigt sich dieser Beschränkung, weil es möglichst alle herangereiften Eier befruchtet haben will und weil eine väterliche Vielfalt für den weiblichen Fortpflanzungserfolg besser sein kann als exklusive Vaterschaft. Kampf der Geschlechter selbst noch im Liebesnest.

Wenn das fahle Morgenlicht die Nacht verdrängt, weicht auch die Stille: Mit Zwitschern und Pfeifen teilen die Vögel den Artgenossen ihren territorialen Anspruch oder die sexuelle Verfügbarkeit mit. Je grösser der Lebensraum eines Tieres, desto schwieriger die Kommunikation. So muss der Hirsch schon tüchtig röhren, will er im Bergwald gehört werden. Und das Brüllen des Löwen trägt kilometerweit.

Der Mensch als Erforscher der Tierwelt nahm lange Zeit nur wahr, was er mit seinen eigenen Sinnen erfassen kann. Dass sich die Fledermäuse im Dunkeln mit Hilfe von Ultraschallsignalen orientieren, merkten die Zoologen erst, als spezielle Mikrophone den Schallbereich oberhalb des menschlichen Hörens erschlossen. Von Natur aus fremd ist uns auch die Unterwasserwelt. Scheinbar Ort des grossen Schweigens, kennt das Meer selbst in dunkler Tiefe Leben. Was unweigerlich die Frage aufwirft, wie sich die Tiere dort orientieren und wie sie kommunizieren. In den sechziger Jahren machten der amerikanische Meeresbiologe Roger Payne und seine Frau Katharine die sensationelle Entdeckung, dass Buckelwale nicht nur Töne produzieren, sondern ganze Lieder singen. Mit Unterwassermikrophonen zeichneten sie die Lieder verschiedener Wale in unterschiedlichen Revieren auf. Was erst wie unstrukturiertes Grunzen, Grollen, Klagen und Trompeten erschien, entpuppte sich bei sorgfältiger Analyse als ein langes Lied mit mehreren Strophen. Das ganze Lied dauert einige Minuten bis eine halbe Stunde. Und der Buckelwal kann pausenlos viele Stunden lang singen; der längste registrierte Gesang endete erst nach 22 Stunden.

Bald schon entdeckte man weitere marine Tonkünstler. Der Finnwal sendet sehr tiefe Brummlaute aus, die der Verständigung und möglicherweise auch der Echolotorientierung im trüben Wasser dienen. Delphine verwenden Ultraschall-Ortungsklicks zum Erkennen von Freund und Feind. Sie nutzen zudem zur Kommunikation eine ganze Palette von Pfeif- und Zwitscherlauten. Mit speziellen Signalpfiffen wird zur koordinierten Jagd auf Fischschwärme geblasen. Wie die einzelnen Meeressäuger ihre Töne produzieren und die Schallsignale empfangen, ist noch weitgehend unbekannt. Bei den Delphinen dürften die Ortungsklicks durch schnelle Luftbewegungen in den Luftsäcken des Oberkopfs entstehen und durch die «Melone», ein ölgefülltes Stirnorgan, zum engen Strahlenbündel fokussiert werden.

Der uns seltsam anrührende Sirenengesang der Buckelwale faszinierte auf Schallplatten bald ein breites Publikum. Und die Forscher wurden laufend aufs neue akustisch überrascht. So singen die Wale in den Gewässern von Bermuda alle das gleiche Lied; die Wale in Hawaii aber haben einen andern Dialekt. Ge-

Wale wie dieser Grönlandwal kommunizieren akustisch über sehr grosse Distanzen.

sungen wird jedoch nur im winterlichen Paarungsgebiet in den südlichen Gewässern. Im Sommer, nach der Wanderung zu den Futterplätzen im arktischen Norden, verstummen die Tiere. Zurück im Süden, nehmen die Buckelwale das Lied des vorangegangenen Winters wieder auf, ändern dann aber sukzessive einzelne Teile der Strophen.

Nach bisheriger Beobachtung singen bei den Buckelwalen die Männchen. Es besteht die Vermutung, dass sie damit den Weibchen über grosse Distanzen ihre Paarungsbereitschaft mitteilen. Sicher dienen die akustischen Signale der Wale aber auch dem Zusammenhalt der Gruppe, denn ohne effizientes Nachrichtennetz müssten sich die Tiere auf der Tausende von Kilometern langen Saisonwanderung verlieren. Über welche Distanzen funktioniert die Walkommunikation? Die Antworten der einzelnen Fachleute sind alles andere als schlüssig.

Da direkte Messungen über grosse Distanzen fehlen, wurden nach der Stärke der ausgesendeten Laute und den akustischen Eigenschaften der Meere die maximalen Reichweiten theoretisch berechnet. Man hat bei Buckelwalen Tonstärken von über 150 Dezibel in unmittelbarer Nähe des Tieres gemessen. Ein solcher Laut dürfte noch in 20 Kilometern Entfernung wahrnehmbar sein, wobei jedoch weitgehend unbekannt ist, wie empfindlich das akustische Empfangsorgan der Wale ist. Der Narwal sendet sogar mit einer Schallstärke von gegen 220 Dezibel ein Stakkato räumlich eng gebündelter Klicks im hohen Ultraschallbereich von 50 Kilohertz. Dies dürften die lautesten Schallsignale im Reich der Tiere sein – möglicherweise eine akustische Mordwaffe, mit der der Narwal seine Fischbeute betäubt.

Je tiefer der Ton, desto weiter trägt er. Aus physikalischen Gründen leitet Wasser den Schall viermal schneller als Luft. Die sehr lauten Brummtöne der Finnwale haben die extrem tiefe Frequenz von etwa 20 Hertz, also 20 Schwingungen pro Sekunde, und die Wissenschafter schätzen, dass diese Tonsignale bis 80 Kilometer weit reichen könnten. Oder sogar viele Hunderte von Kilometern, denn in den Tiefen der Ozeane gibt es dort, wo Wasserdichte, Temperatur und Salzgehalt in bestimmter Art zusammenspielen, Zonen mit besonders hoher akustischer Leitfähigkeit. Solche Tiefwasser-Schallkanäle können sich über sehr grosse Distanzen erstrecken. Ob allerdings die Spekulation gewisser Forscher zutrifft, die Finnwale und andere grosse Wale überbrückten mit solcher Telekommunikation Tausende von Kilometern, ist sehr fraglich. Schön ist der Gedanke allemal, die prächtigen Riesen pflegten in den Tiefen der Ozeane weltweite Dialoge und ein transozeanisches Liedersingen.

1984 stiess Katharine Payne in weiteres akustisches Neuland vor. Beim Beobachten von drei Elefantenmüttern mit ihren Kälbern im Zoo von Portland (Oregon) nahm sie plötzlich ein Grollen wie von einem fernen Gewitter wahr. Sie spürte im Raum ein kaum merkliches Vibrieren, das sich pulsförmig wiederholte. Katharine erinnerte sich, wie sie als Kind in der Kirche neben der grossen Orgelpfeife eine ganz ähnliche Empfindung gehabt hatte. Sollten sich die Elefanten neben ihrem bekannten Trompeten und Brummen auch mit Infraschall verständigen, mit Tönen also, die unterhalb des menschlichen Hörbereichs liegen?

Mit einem Team von Biologen und Akustikspezialisten machte Katharine Payne monatelang im Elefantengehege Tonaufnahmen. Das Resultat überstieg die kühnsten Vermutungen: Auf den Bändern fanden sich neben den vom menschlichen Ohr wahrnehmbaren Elefantengeräuschen doppelt so viele zusätzliche Laute mit Frequenzen zwischen 14 und 35 Hertz. Solche Tieftöne pflanzen sich auch im Wald und im Grasland gut über längere Distanzen fort. Liegt in solchen Ferngesprächen allenfalls die Erklärung für die rätselhafte Koordination des Elefantenverhaltens, selbst wenn die Tiere viele Kilometer voneinander entfernt sind und sich nicht sehen können? Und informiert so das Weibchen, das in den Weiten der Savanne ein männerfernes Leben führt, alle vier oder fünf Jahre die Bullen, dass jetzt Herrenbesuch willkommen ist?

Zusammen mit verschiedenen Forschergruppen untersuchte Katharine Payne in Kenya und in Namibia die akustische Kommunikation wildlebender Elefanten. Heraus kam, dass ein Weibchen, sobald es brünstig geworden ist, ein langsames, sehr tiefes Grollen anstimmt, sachte lauter und höher singt und schliesslich wieder zu tieferer Tonlage zurückkehrt. Das Liebeslied dauert eine halbe Stunde. Noch bevor der Tag zu Ende ist, sind aus allen Richtungen die Bullen da und liegen sich wegen der Dame in den Stosszähnen.

Schliesslich registrierten die Zoologen von einem Beobachtungsturm aus im offenen Gelände das Tierverhalten in weitem Umkreis sowohl mit Videoaufnahmen wie mit an verschiedener Stelle im Feld installierten Mikrophonen. Das Ergebnis: Ein Wasserloch, das tagelang unbeachtet war, erhielt den Besuch einer Elefantengruppe. Das Durstlöschen ging mit etlichem Elefantenkommentar von sich, und bald schon tauchten von überall her weitere Gruppen von Dickhäutern beim kostbaren Wasser auf. Ebenfalls war zu beobachten, dass Dutzende von Elefanten mitten in ihrer Aktivität plötzlich erstarrten – offensichtlich, um weit entfernte Töne besser hören zu können.

Ein Experiment lieferte den direkten Beweis. Man hatte den Brunftruf eines Weibchens auf Band aufgezeichnet und spielte ihn von einem Fahrzeug per Lautsprecher vier Kilometer vom Beobachtungsturm entfernt wieder ab. Kaum war der Sender aktiv, stutzten zwei Männchen, die vom Turm aus zu sehen waren. Sie spreizten weit die Ohren und lauschten regungslos. Dann bewegten sie sich dezidiert in Richtung des Lautsprecherwagens, der unsichtbar in der Ferne wartete. Nach zehn Minuten Eilmarsch näherten sich die beiden Riesen dem Lautsprecher. Dieser hatte mittlerweile sein Locken wohlweislich eingestellt, und die Bullen stapften am Fahrzeug vorbei weiter in Richtung des lustvollen Versprechens.

Die extrem gemächliche Lebensweise der Faultiere hat ihren biologischen Sinn.

D er Anblick ist erbärmlich. Die dünnen Arme mit Schnüren hinter den Rücken gebunden, liegen die drei Fellbündel in einer Schmutzlache auf dem Boden des Einbaums. Mühsam hebt eines der Opfer den Kopf und wendet das Gesicht langsam zur Sonne. Wir glauben in die Augen von E. T. zu schauen. Denn was mit dunklem Blick hilflos ins Licht blinzelt, scheint die natürliche Vorlage jenes von Hollywood kreierten Ausserirdischen, der vor einigen Jahren als unglücklich auf die Erde verschupftes Wesen unsere Herzen rührte. Das struppige Fell hat einen moos-grünen Schimmer; der kleine Kopf am Ende des langen Halses trägt kindliche Züge. Es wäre durchaus passend, wenn das Wesen nun die Lippen bewegte und sehnsüchtig «home, home!» flüsterte.

Die Heimat der Gefangenen liegt indes nicht auf einem fernen Gestirn, sondern auf einem der Bäume, welche die Wasserlandschaft am Rio Atrato, dem mächtigen Strom im tropischen Regenwald von Kolumbien, säumen. Und der Fischerbub, der stolz lachend neben seiner Beute hockt, hat die Tiere vermutlich bei einer Flussdurchquerung überrascht und am Schopf aus dem Wasser gezogen. «Perezoso» sagt einer aus der Schar der Dorfbewohner, was soviel wie

«Faulenzer» heisst. Ein durchaus passender Volksname für die in der Fachsprache Pilosa oder Faultier genannten Urwaldbewohner.

Die unverhoffte Begegnung mit dem Faultier macht neugierig und lässt in Fachbüchern blättern. Die Faultiere sind in der Tat höchst merkwürdige Gesellen. Nur in Südamerika heimisch, gehören sie zu den stammesgeschichtlich ältesten Säugetieren. So hat Darwin in Patagonien Knochen ausgegraben, die in der Rekonstruktion ein drei Meter hohes Riesenfaultier ergaben. Diese Urwesen haben vor Jahrmillionen in den eiszeitlichen Savannen Südamerikas als elefantenähnliche Steppentiere gegrast. Als dann das Klima wärmer wurde und sich die Savanne zum tropischen Regenwald wandelte, legte sich das Faultier bescheidenere Körpermasse zu und entfloh dem sumpfig werdenden Boden auf die Bäume. In steter Anpassung entstanden die beiden heutigen Faultiergattungen: das Dreifinger-Faultier und das Zweifinger-Faultier, entsprechend der Zahl der sichelförmigen Krallen an den Vordergliedern.

Ausser den mächtigen Krallen zum Festhalten am Baum zeigen die Tiere eine ganze Reihe weiterer sinnreicher Anpassungen. Da sie mit triefendem Fell tagelang an einem Ast mit dem Rücken nach unten hängen, verläuft der Scheitel des Felles nicht, wie bei Säugetieren üblich, entlang der Wirbelsäule, sondern auf der Mittellinie von Brust und Bauch. Der Haarstrich zeigt deshalb in Richtung Rücken, wodurch der Regen gut nach beiden Seiten am Körper abfliessen kann.

Und was wir im Fell als grünen Schimmer wahrnehmen, sind nichts anderes als Algen, denen das feuchte Fellklima zu behagen scheint. Als Gegenleistung bietet der grünliche Farbton im graubraunen Kleid den Faultieren eine hervorragende Tarnung gegen ihre Todfeinde Jaguar, Riesenschlange und Harpyie, einen grossen Greifvogel.

Die wohl beste Tarnung ist jedoch die Langsamkeit. Denn während sich viele Säuger im Laufe der Evolution durch ein Steigern der Fortbewegungsgeschwindigkeit einen Vorteil im Überlebenskampf schufen, verlegte sich das Faultier auf die umgekehrte Strategie. Es wurde langsamer und langsamer – bis es durch seine Lebensweise in Zeitlupe für das suchende Raubtierauge praktisch unsichtbar geworden war. Eine wissenschaftliche Tabelle vergleicht die Maximalgeschwindigkeiten verschiedener Tierarten: Gepard 120 Kilometer pro Stunde, Faultier 0,146 (wobei man sich über die Zahlengenauigkeit wundern darf). Physiologischer Ausdruck der Langsamkeit ist auch eine lediglich fünf Quadratmeter grosse innere Lungenoberfläche, während ein gleich grosser Hund für sein Sprinterleben das Zwanzigfache braucht. Und da selbst die Verdauung in Zeitlupe funktioniert, muss sich ein Faultier nur einmal wöchentlich entleeren.

So hängt das Faultier schlafend als Fellkugel im Durchschnitt fünfzehn Stunden im Geäst. Ist es wach, sammelt es überaus gemächlich mit den stark verhornten Lippen Blätter, junge Triebe und Früchte von den Zweigen und hangelt nur weiter, wenn Mund und lange Arme das Fressbare nicht mehr erreichen können. Das Faultier ist für seine Umwelt eine derart ruhige Angelegenheit, dass in seinem dichten Fell sogar eine kleine Schmetterlingsart übernachtet und dort Eier legt. Schlüpfen dann die Raupen, dient ihnen die Pelzlandschaft mit dem reichlichen Algenangebot als ideale Kinderstube.

Ist das Nahrungsangebot auf dem Baum erschöpft, wechselt das Faultier über einen ausladenden Ast zum Nachbarbaum. Zum Boden hinunter klettert das Tier höchst ungern. Denn während sich das Faultier sehr greifsicher im Geäst bewegt, kann es sich am Boden nur auf dem Bauch liegend und äusserst unbeholfen vorwärtsschleppen. Im Wasser dagegen zeigt sich das Tier als recht behender Schwimmer – wohl eine weitere Anpassung an den Regenwald mit seinen zahlreichen Flüssen. Langsamkeit und hervorragende Körpertarnung haben dem Faultier im Existenzkampf Erfolg gebracht; es bildet heute in weiten Teilen Süd- und Mittelamerikas bis ein Viertel der Säugetierbiomasse. In neuerer Zeit ist jedoch als ärgster Feind der Mensch zur Bedrohung geworden. Zwar hat das Faultier vom jagenden Indianer nichts zu befürchten: Als Beute ist es nutzlos, weil ein todsicherer Greifreflex das Tier sich am Baum festkrallen lässt, bis sein Körper verwest ist. Axt und Motorsäge aber lassen das Faultier samt seinem Lebensraum erbarmungslos auf den Waldboden donnern.

Das Kuriosum im Regenwald hat schon die frühen Südamerikabesucher irritiert. 1526 schrieb der Spanier

Gonzalo de Oviedo: «Das Faultier braucht den ganzen Tag für fünfzig Schritt. Am liebsten klettert es auf einen Baum und bleibt dort bis zu zwanzig Tagen auf dem höchsten Ast. Niemand weiss, was es isst, und ich bin überzeugt, dass es allein von Luft lebt. Etwas Hässlicheres und Nutzloseres als das Faultier habe ich bisher nicht gesehen.» Brehm dagegen schilderte in seinem «Tierleben» Physiologie und Lebensweise der verschiedenen Faultierarten sehr präzis. So beeindruckte ihn die erstaunliche Beweglichkeit der Glieder und der Halswirbelsäule, was es dem Faultier ermöglicht, den Kopf um die Längsachse zu drehen, bis das Gesicht nach hinten schaut. Aber auch Brehm konnte sich despektierliche Bemerkungen nicht verkneifen: «Die Faultiere machen als sehr stumpfe und träge Geschöpfe einen wahrhaft kläglichen Eindruck. Das Auge ist blöde und ausdruckslos wie kein zweites Säugetierauge.»

Wenigstens hat die moderne Zoologie erkannt, dass die scheinbar apathische Lebensweise das Resultat einer sehr weitgehenden Optimierung ist. Heute werden in verschiedenen Zoos Faultiere gehalten und studiert. So besitzt auch der Zürcher Zoo seit 1967 Zweifinger-Faultiere; die Gruppe umfasst zurzeit ein Männchen und drei Weibchen. Am 29. Dezember 1990 erblickte ein erstes Schweizer Faultier das Licht der Welt. Faultiere können in Zoos über dreissig Jahre alt werden. Bisher gediehen in menschlicher Obhut allerdings nur die sowohl Blätter wie Früchte fressenden Zweifinger-Faultiere, während die Dreifinger-Faultiere als sehr spezialisierte Blattesser in den zoologischen Gärten nur kurze Zeit überlebten.

Unsere Geschichte im kolumbischen Regenwald hat ein Happy-End. José, ein junger einheimischer Botaniker, zeigt uns auf der Reise nicht nur die Vielfalt der Tropenpflanzen, sondern ist auch ein engagierter Anwalt der gesamten Natur. Der Fischerjunge will die drei Faultiere im Dorf verkaufen, wo sie im Kochtopf landen würden. Nach kurzem Verhandeln zückt José den Geldbeutel und zahlt 5000 Pesos – etwa zehn Franken. Verbunden mit dem Geschäft ist jedoch die sanfte Belehrung, dass Faultiere zu den bedrohten Tierarten gehören und deshalb nicht gejagt werden sollten. Im Einbaum nehmen wir schliesslich die freigekauften Kreaturen mit.

José ist nicht naiv. Viele Stunden lang bleiben die Tiere im Boot, bis wir auf einem engen Nebenfluss des Atrato das Reservat der Salado-Indianer erreichen. In einer Flussbiegung machen wir am steilen Ufer fest, kraxeln mit den Faultieren über eine Lehmhalde zu einer Lichtung inmitten der feuchtwarmen Tropenpracht. Hier wird nicht sobald wieder ein Mensch auftauchen. Sachte löst José dem ersten Tier die Fesseln und hält es am Schopf gegen einen Baumstamm. Wie es sich für ein Faultier gehört, lässt sich das Kerlchen recht lange Zeit, bevor es seine Sichelkrallen in die Rinde gräbt. Dann aber nimmt es den Baum mit weit ausholendem Griff in Besitz. Bald schon zeugt von der abenteuerlichen Begegnung nur noch ein leises Rascheln im Blätterwerk.

Er frisst masslos tierisches Fett und kaum Nahrungsfasern; er liegt tagelang auf der faulen Haut, um dann plötzlich loszuspurten. Und er ist ein notorischer Einzelgänger – ausser wenn er Lust auf ein Weibchen hat oder in der Nachbarschaft eine Schlägerei vom Zaune bricht. Einem Mann mit solchem Lebenswandel zeigt der Arzt die gelbe Karte. Dem Eisbären aber, der es in der Arktis just so treibt, scheint das Exzessive zu bekommen.

Wenn sich in der Frühlingssonne die Ringelrobben auf dem Packeis tummeln, schlägt er zu – immer wieder. Er konsumiert nach Möglichkeit täglich ein Exemplar, obschon ihm dieses Nahrung für zehn Tage liefern würde. Dabei schlemmt er nur den Robbenspeck und lässt Haut und Muskelfleisch den Polarfüchsen. Bricht die Packeisschicht im Sommer auf und zwingt den Eisbären auf festen Grund, hat er sich innert weniger Monate fünfzig Prozent Übergewicht angefuttert. Eine zehn Zentimeter dicke Fettschicht unter der Haut dokumentiert seine Fressorgien.

Natürlich hat die Völlerei ihren Sinn. Im Sommer nämlich bleibt dem Eisbären im offenen Wasser beim Robbenjagen nur das Nachsehen. Und da er mit Beeren und Kräutern wenig anfangen kann, liegt er meist

Nur dank raffinierter Jagdtechnik und physiologischer Anpassung kann der Eisbär in der Arktis leben.

tatenlos zwischen den Sträuchern. Oder er gräbt sich eine Höhle bis zum Permafrost, wo sein von der Sommersonne überhitzter Körper Kühlung findet. Bei der erzwungenen Askese verliert er sukzessive sein Fett. Richtet dann der hereinbrechende Winter dem Eisbären das Jagdrevier auf der gefrorenen Meeresoberfläche wieder her, muss er als schlanker Herr von neuem den Wohlstand gründen.

Wie der Eisbär es schafft, trotz Fettleibigkeit und Nahrungsentzug gesund zu bleiben und im Winter bei mörderischen minus 50 Grad Celsius auf offener Eisfläche zu existieren, war lange Zeit ein Rätsel und ist auch heute erst teilweise geklärt. Anlass zur genaueren Erforschung gab vor dreissig Jahren die Befürchtung, der Eisbär könnte bei fortgesetzter Bejagung durch den Menschen bald ausgerottet sein. Damals brachten Sportjäger und Eskimobevölkerung Jahr für Jahr über 1300 Tiere zur Strecke. Russische Fachleute schätzten 1961 den Weltbestand auf nur noch 5000 Tiere; zuverlässige Daten kannte indes niemand.

1973 schlossen Russland, Norwegen, Dänemark, Kanada und die USA ein Abkommen zum Schutz des Eisbären und zu seiner besseren Erforschung. Und was die zahlreichen wissenschaftlichen Projekte zutage brachten, weckte Staunen, warf aber auch bisherige Annahmen über den Haufen. So glaubte man lange Zeit, die Eisbären folgten im Jahresablauf der Drift des Packeises im Uhrzeigersinn um den Nordpol. Nachdem die Biologen – der Kanadier Ian Stirling machte sich als Eisbärenforscher besonders verdient – während Jahren Tausende von Tieren jeden Alters am Ohr markiert oder mit einem miniaturisierten Radiosender ausgerüstet hatten, zeigte sich ein anderes Bild.

Die Eisbären leben in deutlich voneinander getrennten arktischen Populationen, ein Drittel aller Tiere in der Gegend der Hudson Bay und der Inseln vor der Nordküste Kanadas, weitere Populationen im Gebiet Spitzbergen, Franz-Joseph-Land, Ostgrönland und der westrussischen Eismeerküste sowie in der kanadischen Hocharktis und in Alaska. Innerhalb ihrer traditionellen Reviere unternehmen die Tiere jedoch ausgedehnte Wanderungen: Ein im norwegischen Svalbard markierter Eisbär tauchte ein Jahr später 3200 Kilometer weiter südwestlich in Grönland auf; ein Weibchen wanderte schnurstracks in zwei Tagen 330 Kilometer. Der also mit gutem Grund von den grönländischen Eskimos Pisugtooq – der grosse Wanderer – genannte Eisbär kehrt jedoch immer wieder zu denselben Robbenjagdgründen zurück, bleibt den Sommerschlupfwinkeln treu und baut für die Geburt der Jungen alle drei bis vier Jahre am gleichen Ort eine Schneehöhle. Wie aber die Tiere in der einförmigen Tundra und auf dem dauernd wechselnden Packeis die alten Orte wiederfinden, bleibt rätselhaft.

Trotz allen Bemühungen kennt man die Gesamtzahl der Eisbären nach wie vor nur ungenau. Immerhin kann heute mit 10 000 bis 20 000 Tieren gerechnet werden, und dank weitgehendem Schutz dürften die Bestände wieder wachsen. Einer unerwarteten Schwierigkeit begegneten die Biologen, als sie die Eisbären

mit Infrarotaufnahmen vom Flugzeug aus zählen wollten. Auf den entwickelten Filmen waren die Tiere auf
den Schneeflächen praktisch unsichtbar, obwohl der
warme Körper sich doch auf dem kalten Hintergrund
abzeichnen müsste. Des Rätsels Lösung liegt in der
Einzigartigkeit des Eisbärenkleids.

Das Fell des Eisbären besteht aus einer Deck-
schicht mit bis zu 15 Zentimeter langen Haaren. Diese
sind hohl und farblos; die typische weisse Farbe ent-
steht (wie im Bierschaum) nur durch Lichtbrechung.
So dringt das Sonnenlicht fast ungehindert bis zur
schwarzen Haut, wo die Lichtenergie in Wärme um-
gewandelt wird. Und da eine kräftige Schicht von
Wollhaaren die Haut vor Wärmeverlusten schützt,
heizt der animalische Treibhauseffekt den Eisbären-
körper, ohne dass viel Wärme nach aussen dringt. Auf
den Infrarotaufnahmen konnten die Forscher manchmal dann doch die Anwesenheit von Bären ausmachen:
Die Spuren der Fusssohlen waren noch Minuten nach
der Passage als warme Flecken auf dem Eis zu erkennen. Denn über die schwarzen Fusssohlen können die
Eisbären wenigstens einen Teil der Wärme loswerden,
falls es ihnen im Pelz zu warm geworden ist. Das Problem der Überhitzung zeigt sich indes unerbittlich,
wenn der Robbenjäger schon nach kurzem Spurt die
fliehende Beute ziehen lassen und hechelnd wie ein
Hund die Lungen kühlen muss.

Der Eisbär hat Jagdtechniken entwickelt, die von
den Eskimos seit je bewundert und nachgeahmt werden. Im Winter bleibt den Robben im zugefrorenen

Meer nur die Möglichkeit, ins Eis Luftlöcher zu kratzen und dort alle paar Minuten zum Atemholen kurz aufzutauchen. Eine einzelne Robbe legt sich ein ganzes Netz solcher Luftlöcher an und bedient sich dieser Zapfstellen in wechselnder Reihenfolge. Der Eisbär wartet nun mit Engelsgeduld oftmals Stunden neben einem Luftloch auf seine Chance – regungslos, denn Robben haben ein sehr feines Gehör. Aber auch der Eisbär hört hervorragend und registriert die Robbe, sobald sie in Lochnähe kommt. Taucht dann endlich die dunkle Schnauze im Luftloch auf, schlägt der Bär mit seiner Riesenpranke blitzschnell nach dem Tier. Zertrümmert der Schlag der überlisteten Beute nicht den Schädel, bricht der Aufprall am Eisrand dem Opfer das Genick.

Wie raffiniert der Eisbär zu jagen versteht, zeigt seine Arbeit am Robbenlager. Auf dem Packeis bauen sich die Robben im Winter grössere Schneehöhlen mit einem von aussen unsichtbaren Tauchloch. Will der Eisbär die Festung knacken, muss er wiederum stundenlang geduldig warten und hinhören. Weiss er schliesslich, dass die Beute unter dem Schnee hockt, wuchtet er sich mit allen vieren auf das Höhlendach. Die bis zu tausend Kilogramm eines alten Eisbärenmännchens zermalmen das Robbenhaus. Die Beute ist dem Jäger fast immer sicher, denn er hat sich mit tödlicher Berechnung genau auf die Stelle geworfen, wo er beim unsichtbaren Auftauchen der Robbe das Wasser tröpfeln hörte: das Tauchloch und damit die einzige Fluchtmöglichkeit der Robbe.

Der Respekt der Eskimos für den grossen Jäger ist Quelle mancher Legende. So wollen Eskimos gesehen haben, wie Eisbären bei der Zeitlupenpirsch auf sonnenbadende Robben bäuchlings Eisschollen als Tarnschild vor sich her schoben. Und besonders Raffinierte sollen sogar beim Näherrücken mit der Pfote ihre verräterisch dunkle Nase bedeckt haben.

Dem Geheimnis des verhinderten Herzinfarkts trotz extremer Fettleibigkeit kamen die Eisbärenforscher ebenfalls auf die Spur. Untersucht man beim Bären, wo am Körper die Fettdepots liegen, zeigt sich ein charakteristisches Bild: Während Oberschenkel und Hüfte dick mit Fett gepolstert sind, finden sich am Bauch und Oberkörper keine auffallenden Fettschichten.

Die Fettverteilung entspricht also just dem typischen Bild der übergewichtigen menschlichen Frau. Es ist wohlbekannt, dass Herz-Kreislauf-Probleme beim Menschen viel häufiger die Männer betreffen, deren überflüssige Fettpolster in der Regel an Bauch und Oberkörper sitzen. Und werden übergewichtige Frauen doch an Herz und Kreislauf krank, zeigen sie oftmals eine «männliche» Fettverteilung. Warum das von der Natur den Bären und Frauen verpasste Fettkleid dem Herzen weniger schadet, ist allerdings ein weiteres Rätsel.

Der Stationsvorstand des Bahnhofs Worblaufen schwenkt die Kelle: freie Fahrt für den Zug Richtung Zollikofen. Langsam beginnen sich die Räder der Lokomotive zu drehen, doch der Zug steht still. Sofort ist der Stationsvorstand zur Stelle, um nach dem Rechten zu sehen. Als sein Blick auf die Schienen fällt, traut er seinen Augen nicht: Millionen von Schneeflöhen bedecken die Schienen, und der ölige Körpersaft der zerquetschten Tiere hindert die Räder am Greifen. Der Schienenweg muss mit dem Besen freigewischt werden.

So schilderte unlängst der Zoologiestudent Erich Bächler in der Berner Universitätszeitschrift eine Episode aus dem Jahre 1869, wie sie der Zoologe Johann Carl der Fachwelt mitgeteilt hatte. Andere Berichte aus früherer Zeit erzählen von Leuten, die im Bremgartenwald Laub für ihre Matratzen sammelten – und dabei bis zur Brust hinauf von einer dicken Schicht Schneeflöhe bedeckt waren. Trotz seinem gelegentlich eindrücklichen Auftreten ist *Ceratophysella sigillata*, wie das millimeterkleine Tierchen im Zoologenlatein heisst, noch wenig erforscht. Jürg Zettel vom Zoologischen Institut der Universität Bern untersucht mit seiner Arbeitsgruppe seit vier Jahren den Lebenszyklus und das Verhalten der seltsamen Wesen. Um Genaueres über die Verbreitung und den Lebensraum der Tiere zu erfahren, ist Zettel an Meldungen aus der Bevölkerung sehr interessiert.

Wie man Schneeflöhe erkennt? Ist das Klima im Winter feucht und nicht zu kalt, krabbeln sie zu Hunderttausenden, ja Millionen auf dem Waldboden. Als violetter bis blaugrauer Schleier überziehen sie Moder und faules Geäst. Dabei misst das Einzeltier mit seinem ovalen, aus einem halben Dutzend Ringsegmenten bestehenden Körper nur etwa einen Millimeter. Doch die Riesenkolonie wird zum lückenlosen Teppich, der bisweilen auch Baumstämme erobert und dort wie ein farbiger Flecken wirkt.

Temperaturen zwischen 5 und 15 Grad Celsius scheinen den Schneeflöhen besonders zu behagen. Dann fressen sie unablässig Algen, Pilzfäden und andere Mikroleckereien. Und springen immer wieder in die Luft, was man mehrere Meter weit als feines Rascheln hören kann. Angst muss der Beobachter vor den Tierchen keine haben, denn entgegen ihrem Namen sind die Schneeflöhe keine Flöhe, sondern Springschwänze. Diese stammesgeschichtlich uralten Insekten besitzen am Unterleib eine Sprunggabel; mit grosser Muskelkraft gegen den Boden geschnellt, katapultiert sie die Tierchen bis zwanzig Zentimeter weit.

Von Zeit zu Zeit – die Wissenschafter haben noch keine Ahnung warum – werden die Schneeflöhe vom Wandertrieb gepackt. Wie zähe Farbe aus einem ausgeleerten Topf fliessen dichte Tierfronten über das

Gelände. Einzelne Fronten können sich zu viele Meter langen Bändern vereinen; das längste von den Berner Forschern beobachtete Band mass siebzig Meter. Können die Vordersten eines grösseren Hindernisses wegen nicht mehr weiter, werden sie von den Nachfolgenden überklettert. So wächst das Schneeflohvolk im winterlichen Wald zur mehrere Zentimeter dicken Schicht, die nicht selten tagelang liegenbleibt.

Ist die Oberfläche des Bodens jedoch trocken oder sinkt die Temperatur gegen Null, verziehen sich die Tiere in den Boden. Ende März verschwinden sie dann aus anderem Grund. Mittels Häutung verwandeln sie ihre Gestalt und widmen sich etwa drei Wochen lang der Fortpflanzung. Aus den im Dunkel der Erde gelegten Eiern schlüpfen Anfang Mai schneeweisse Kinder, die sich bald schon rosa und schliesslich violett färben. Zusammen mit den Eltern zieht das Jungvolk an die Oberfläche zum ersten grossen Fressen, bis im Frühsommer die Temperatur zu warm und der Boden zu trocken geworden ist. Dann kehrt der Schneefloh in den Schoss der Erde zurück und hält dort bis Oktober Sommerschlaf. So durchläuft *Ceratophysella sigillata* im Laufe des Jahres mehrere Phasen von Aktivität und Ruhe. Und während man bei anderen Schneefloharten bisher nur Lebenszyklen von höchstens einem Jahr kennt, kann Sigillata zwei Jahre und vielleicht noch älter werden, sich ein dutzendmal häuten und mehrere Fortpflanzungsphasen erleben.

Die Welt der Schneeflöhe ist der schützende und nahrungsreiche Wald. Warum sie damals den Bahnhof

Worblaufen heimsuchten, ist rätselhaft. 1985 passierte in Gwatt bei Thun eine ähnliche Geschichte. Die den Auenwald durchwandernde Armada machte am Waldrand nicht halt, erreichte die Reformierte Heimstätte, kletterte die Hauswand hoch und ergoss sich als dunkle Lache über den Fussboden des Saales. Der Hauswart war kein Hasenherz. Mit Besen und Schaufel füllte er die Bescherung in den Eimer und brachte die Kolonie in den Wald zurück. Vorher hatte er die Fracht noch auf die Waage gestellt. Im Eimer waren sechs Kilogramm – was bei einem Gewicht von etwa zwei Millionstel Gramm des Einzeltiers immerhin drei Milliarden Schneeflöhe macht.

Wie die Gemse im Laufe des Winters ihre Kondition verliert, kann aus dem Harn gelesen werden.

Der Winter ist für Tiere nördlicher Gefilde die kritische Jahreszeit. Eine (auch beim Menschen beliebte) Strategie heisst «Ausweichen»: Zugvögel fliegen südwärts; im Gebirge lebende Raubvögel dehnen ihr Revier auf tiefergelegene Regionen aus, wo die Kälte weniger grimmig und der Speisezettel nicht gar so karg ist. Andere Spezies wählen die «biologische Verweigerung». Sie verbergen sich in einer gut geschützten Erd- oder Baumhöhle und fallen in Winterschlaf. So senkt das Murmeltier die Körpertemperatur von 34 Grad Celsius auf 3 Grad, das Herz schlägt anstatt achtzigmal pro Minute nur drei- bis viermal, geatmet wird lediglich noch alle paar Minuten. Der extreme Vitalitätsverzicht bringt eine Energieeinsparung von 95 Prozent, und das Murmeltier kann den Winter ohne jegliche Nahrungsaufnahme überstehen.

Für manche Tiere aber bleibt nur «Gürtel-enger-schnallen und Durchhalten». Huftiere fressen sich auf den Sommerweiden ein Fettpolster an und hoffen, damit über die frostige Runde zu kommen. Wenn hoher Schnee ihnen dann die Kräuter und Gräser vorenthält, bleiben sie tagelang fast unbeweglich an geschützter Stelle stehen, um ja nicht unnötig Energie zu verschwenden. Und sie knabbern an Ästen und Flechten, die allerdings nur ein kümmerlicher Ersatz für die saftige Sommernahrung sein können. Lässt sich so zwischen November und Februar noch leidlich leben, kann im Gebirge und im Norden die Lage im März und April bedrohlich werden. Die Fettreserven aufgebraucht und noch keine frische Nahrung vor dem Maul, herrscht jetzt akute Hungersnot – ein Engpass kurz vor der rettenden Schneeschmelze, der für zahlreiche Tiere das Aus bedeutet.

Wildbiologen und (aus weniger akademischen Gründen) die Wildhüter und Jäger möchten für die verschiedenen Hirsch- und Rehpopulationen wissen, wie sich der körperliche Zustand des Wildes im Laufe des Winters ändert. Wie stark beeinflusst zusätzliches Füttern die Situation? Welche Fütterungsmengen und Futterzusammensetzungen sind sinnvoll und notwendig?

Die Kondition eines Tieres lässt sich auf Grund des Gesamtgewichtes sowie der Fett- und Muskelanteile beurteilen. Dazu wird Fallwild untersucht oder Wild abgeschossen. Ist für die Datenerhebung die Zahl ungenügend, besteht die Möglichkeit, Tiere einzufangen, eine Blutprobe zu entnehmen und auf diesem Weg Auskunft über ihr Befinden zu erlangen. Einfangen mit einem Betäubungsschuss irritiert jedoch das betroffene Tier. Und es verängstigt auch das übrige Rudel – eine Störung, die den im Winter ohnehin strapazierten Tieren auf die Dauer schlecht bekommt.

Anfang der achtziger Jahre entdeckten amerikanische Wildbiologen, wie sich die Kondition detailliert untersuchen lässt, ohne dass dies die Tiere überhaupt merken. Man wundert sich, warum man nicht schon früher auf die Idee kam. Denn als Untersuchungsmaterial dient, was die Tiere immer wieder und in genügend grosser Menge freiwillig hinter sich lassen – der Harn. Allerdings nur der «Schneeharn», denn zum Finden und unverfälschten Einsammeln der Proben braucht es einen sauberen Träger, wie ihn just der weisse Schnee in idealer Weise liefert. Macht sich der Harnjäger in einer neuverschneiten Landschaft auf die Suche nach dem Gelb, weiss er, dass die Harnprobe nicht älter als der jüngste Schneefall sein kann. Ausserdem leistet der Schnee willkommene Laborhilfe, indem er die chemischen Bestandteile durch Gefrieren lange haltbar macht.

Die Nahrung der Tiere besteht zur Hauptsache aus Eiweiss, Fett und Kohlenhydraten. Beim Verarbeiten der Nahrung fallen Stoffwechselprodukte an, die das Tier (zusammen mit etwa 95 Prozent Wasser zur Regelung des Wasser- und Salzhaushaltes) im Urin ausscheidet. Wichtigstes Ausscheidungsprodukt des Eiweiss-Stoffwechsels ist der Harnstoff. Ein Mass für den Muskelstoffwechsel liefert hingegen Kreatinin, dessen Menge im Harn eng mit der gesamten Muskelmasse des Körpers korreliert.

Schon bald nach den ersten Schneefällen können die Huftiere ihren Energiebedarf nicht mehr mit der karg gewordenen Äsung decken; sie müssen auf ihre Fettpolster zurückgreifen. Sind die Fettreserven schliesslich abgebaut, geht es an die Substanz: das Tier opfert dem Überleben seine eigene Muskelmasse. Muskelfleisch aber ist Eiweiss. Je stärker diese Selbstzerfleischung ist, desto grösser der Harnstoffgehalt im Urin. Der Harn des Tieres ist allerdings unterschiedlich stark konzentriert und wird ausserdem durch den Schnee mehr oder weniger verwässert. Hier liefert das Kreatinin ein nützliches Justiermass, denn dessen tägliche Produktion – entsprechend der vorhandenen Muskelmasse – ist ziemlich konstant. Das Verhältnis Harnstoff zu Kreatinin im Urin sagt dem Wildforscher also ziemlich genau, in welchem Mass das Tier bereits von der eigenen Muskelmasse zehren muss.

So folgen die Forscher einzelnen Tieren oder ganzen Rudeln im Laufe der Wintermonate, sammeln in zeitlich regelmässigen Abständen mit Plastic-Säckchen jeweils eine baumnussgrosse Schneeprobe aus dem am stärksten gefärbten Teil des Harnfleckens und analysieren im Labor schliesslich die Stoffwechselprodukte.

Wie sich das chemische Bild im Laufe des Winters ändern kann, zeigen Schneeharnwerte von Weisswedelhirschen aus den Wäldern Minnesotas. In der Phase der frühen Unterernährung deckt das Tier den Energiebedarf weitgehend mit seinen Fettreserven, und es wird praktisch kein Muskeleiweiss verbraucht: Das Verhältnis Harnstoff zu Kreatinin liegt etwa bei 4 zu 1. Ist der Fettvorrat schliesslich aufgezehrt, wird eigene Muskelmasse konsumiert, was das Verhältnis Harnstoff zu Kreatinin immer weiter anwachsen lässt.

Hält sich solcher Muskelabbau in Grenzen, erholt sich das Tier, sobald im Frühjahr wieder Kräuter verfügbar werden. Eine weit fortgeschrittene Unterernährung ist jedoch meist irreversibel; das Tier geht im Frühjahr an seiner Schwäche zugrunde – selbst wenn der Tisch bereits frisch gedeckt ist. Die kritische Schwelle zwischen Sein und Nichtsein lag bei den Minnesota-Hirschen bei einem Harnstoff-Kreatinin-Verhältnis von etwa 23 zu 1.

Mittlerweile ist die Methode verfeinert worden. So kann jetzt auch entschieden werden, ob ein hoher Harnstoffwert im Urin tatsächlich aus der eigenen Muskelmasse oder aus Futter stammt: Eiweiss aus der Äsung liefert nur wenig Kalium und Cortisol in den Harn, während diese Werte beim Abbau von Muskeleiweiss markant ansteigen. Auch haben die Wildbiologen gelernt, dass jede Tierart ihre eigenen Stoffwechselverhältnisse hat und man für eine aussagekräftige Winterstudie erst die Normalwerte der betreffenden Tierart kennen muss.

Schneeharn-Studien liefern wertvolle Informationen für das Management freilebender Bestände. Eine immer wiederkehrende Streitfrage ist, ob freilebende Herden im Winter zusätzlich gefüttert werden sollen. Im Yellowstone-Nationalpark sind die Zehntausende von Wapitis im Winter jeweils gefüttert worden; die Parkverwaltung regulierte die einzelnen Herden ausserdem mit Hegeabschüssen. Seit 1968 gilt für den Park jedoch ein konsequentes Hände weg! Um das nun sich selbst überlassene Werden und Vergehen der Natur besser zu verstehen, hat Glenn Delgiudice mit einem Team in den unterschiedlichen Regionen des Parks mit Hilfe des Schneeharns die Kondition der einzelnen Wapiti-Herden untersucht. Dabei zeigt sich eine deutlich schlechtere Kondition, je mehr Schnee im einzelnen Revier liegt. Die wachsende Unterernährung treibt die Tiere der höhergelegenen Parkregion im Spätwinter in tiefere Gegenden, was dort zu steigender Konkurrenz um die ohnehin spärliche Nahrung führt und schliesslich auch die «Ansässigen» vermehrt hungern lässt. Am empfindlichsten reagieren die Kälber auf den Nahrungsmangel. Während in der tiefergelegenen Region etwa ein Drittel der Kälber den Winter nicht überstehen, gehen im härteren Hochland mehr als die Hälfte zugrunde.

Die Harnmethode findet zunehmend auch in Europa Verwendung, in Finnland für Studien an Rentieren, in Österreich an Rothirschen, Gemsen, aber auch an Fleischfressern wie beispielsweise Bären. Zurzeit untersuchen Karoline Schmidt und Arno Gutleb die Kondition von Rotwild im österreichischen Alpenraum. Dieses wird oftmals im Winter eingezäunt, intensiv gefüttert und erst im Juni wieder freigelassen. Durch Harnmessungen werden nun diese Tiere mit nicht gefüttertem Rotwild verglichen, welches über der Waldgrenze auf freigewehten Alpen überwintert. Damit will das österreichische Forscherteam zur Klärung der Frage beitragen, ob weniger Intervention den Wildbeständen längerfristig besser bekommt als eine noch so gut gemeinte Winterfütterung.

Der Wolf ist tot! Zwei Schüsse peitschten gestern durch einen stillen Wald in der Nähe von Hägendorf. Sie töteten den Wolf, der seit Tagen das Baselbiet und den Kanton Solothurn unsicher machte.

So feierte die Boulevardpresse im Mai 1990 den Sieg der Jäger über die Bestie. Vermutlich aus einem Gehege entlaufen, hatte das Tier die Bevölkerung in Angst und Schrecken versetzt und im Schafbestand der Gegend eine blutige Spur gezogen. Auf den Pressebildern waren neben dem zur Schau gestellten toten Wolf Männer und Frauen mit zufriedenen Gesichtern und ehrfürchtig staunende Kinder zu sehen: Man hatte die Gefahr glücklich überstanden.

Wildbiologen können darob nur den Kopf schütteln. Sie bemühen sich seit Jahren, die Bevölkerung über das wahre Wesen des Wolfes aufzuklären und auf seine Rückkehr vorzubereiten. Denn die heute in Europa – vor allem in der ehemaligen Sowjetunion, in Rumänien und Polen, aber auch in den Bergwäldern von Spanien, Italien und Griechenland – lebenden 30 000 Wölfe finden den Weg jetzt nach Nord- und Zentraleuropa zurück, wo sie noch im Mittelalter weitverbreitet waren. In Norddeutschland sind in den letzten Jahrzehnten verschiedenenorts Einzeltiere aufgetaucht. Und von Italien her, wo im Apennin heute wieder 300 Wölfe hausen, wanderten unlängst erste Tiere in Südfrankreich ein.

Fachleute prognostizieren, dass noch vor der Jahrtausendwende der Wolf dem Alpenbogen entlang im Wallis auftauchen wird. Die Rückkehr in unsere Gegenden kann aber nur gelingen, wenn die Bevölkerung ihre traditionelle Abscheu vor dem «bösen» Wolf überwindet und dieses Raubtier als das erkennt, was es von Natur aus immer war: ein effizienter Jäger in der Wildnis und eine tödliche Gefahr für das Schaf, falls man dieses unbeaufsichtigt weiden lässt. Für den Menschen aber ist der Wolf ohne Harm, hatte das kluge Tier doch schon vor Jahrtausenden erkannt, dass Attacken auf den seltsamen Zweibeiner mehr Schaden als Nutzen bringen.

Wie vernünftig ehemals unser Verhältnis zum Wolf war, schilderte Hansjakob Baumgartner unlängst im WWF-«Panda»-Magazin. Der Wolf braucht, um seinen Hunger zu stillen, mindestens zwei Kilogramm Fleisch pro Tag. Deshalb macht er Jagd auf eher grosse Brocken: Hirsch, Elch und Büffel mit bis zu zwanzigfachem Wolfsgewicht.

Gegen die Grossbeute hätte der Wolf als Einzeltier allerdings keine Chance. Er hat deshalb gelernt, gemeinsam mit seinen Artgenossen im Rudel zu jagen. Je kräftiger nun die Beutetiere im Revier, desto grösser auch die Wolfsrudel: Genügen für die Rehjagd ein halbes Dutzend Tiere, umfasst eine Jagdpartie auf Elche zwischen zehn und zwanzig Wölfe. Und die Jagd kann

Die traditionelle Angst vor dem Wolf ist unberechtigt, denn Wölfe attackieren niemals Menschen.

nur glücken, wenn das Rudel sich versteht und seine Arbeit koordiniert. So gibt es Treiber, die Beutetiere in eine bestimmte Richtung jagen, wo im Hinterhalt dann die Vollstrecker warten. Und oftmals endet die Hatz in natürlichen Fallen, einem Sumpf, einer Schlucht oder auf Harstschnee, der die Wolfspfoten just noch trägt, die harten Hufe aber rettungslos einbrechen lässt.

Der aufmerksame Frühmensch muss die Wolfstaktik bewundert haben, denn auch er schielte nach Beute, die für ihn eine Nummer zu gross war. So lernte der Urjäger möglicherweise vom Wolf, wie in der organisierten Gruppe zu jagen ist. Und gelegentlich nahmen die Männer wohl einen verlassenen Wurf Wolfswelpen zu sich. Ihrer Natur gemäss akzeptierten die Jungwölfe den dominanten Menschen als Leittier und gliederten sich als tüchtige Helfer in das Jagdgeschehen ein. So kam der Mensch zu seinem Hund. Denn so unterschiedlich uns Dogge, Pudel und Pekinese erscheinen mögen – alle stammen sie von den Wölfen ab.

Dschingis Khan hatte den mythischen Wolf Börta-Tschao zum Ahnen. Bei den Irokesen gab es «Sippen des Wolfes», denn sie sahen sich selber als Wolfskinder. Dem Germanengott Wotan wie der griechischen Liebesgöttin Aphrodite standen als Schutz und Begleitung Wölfe zur Seite. Und es mag der Dank für den wölfischen Ammendienst an Romulus und Remus sein, der die sonst auf der Pirsch wenig zimperlichen Italiener im Falle des Wolfs schon immer ein Auge zudrücken liess. Vom Geachteten zum Geächteten wurde der Wolf, als der Mensch vom nomadisierenden Jäger und Sammler zum sesshaften Halter von Nutztieren wurde.

Karl der Grosse befahl seinen Rittern die Hatz auf Heiden und Wölfe. Denn wie die Heiden den christlichen Seelenfrieden störten, konkurrierte der Wolf den adligen Weidmann und war insofern ein wirtschaftliches Problem, als er den Leibeigenen das Vieh von den Weiden holte.

Das Nützlichkeitsdenken der Aufklärung machte aus dem Wolf vollends einen Schädling. Und in typisch menschlicher Manier begann man dem Feind jede denkbare Untat anzudichten. So liess sich vor hundert Jahren selbst ein besonnener Mann wie der Vater des ersten Bundesgesetzes über Jagd und Vogelschutz, Friedrich von Tschudi, zur Anklage hinreissen: «Basel, Solothurn, Aargau, Freiburg, Zürich, Schaffhausen wurden oft genug im strengen Winter von Wölfen besucht, welche Menschen zerrissen, Hunde an der Kette erwürgten und das Aas der Schindanger aufwühlten.»

Schliesslich fand die Wolfsmeute, welche hechelnd dem Pferdeschlitten nachhetzt und den verzweifelten Passagieren an die Kehle will, ihren festen Platz in der russischen Bücher- und Zelluloidwelt. Und mussten die einsamen Trapper und Goldsucher Amerikas nicht immer wieder ihr Leben gegen ganze Horden blutrünstiger Wölfe verteidigen?

Tatsächlich gibt es aus den letzten hundert Jahren keinen einzigen verbürgten Bericht darüber, dass freilebende Wölfe Menschen angefallen hätten. Dass in Not- und Kriegszeiten die Wölfe herumliegende oder notdürftig verscharrte Leichen wegräumten, war für die Bevölkerung sogar nützlich. Der Rufmord am Wolf ist um so gravierender, als das Tier seine guten Manieren dem Menschen gegenüber nie verloren hat. Ganz im Gegensatz zu seinen Abkömmlingen: Allein in Indien werden jedes Jahr 15 000 Menschen durch tollwütige Hunde getötet. Und in England mussten zuerst von Pit-Bull-Terriern und Bulldoggen Kinder verstümmelt und getötet werden, bevor die Regierung das Halten gefährlicher Hunde gesetzlich regelte. Die Züchter von Kampfhunden trimmen «unseren besten Freund» gezielt auf Mordlust und missbrauchen das Tier als Waffe. Damit hat die Verfälschung des Wölfischen ihren Höhepunkt erreicht: Aus dem Raubtier, das sich keine unnötige Aggressivität leistet, weil jedes Übermass an Angriffslust letztlich die eigene Existenz gefährdet, ist ein Tier geworden, das biologisch völlig sinnlos kämpft.

Die Hirten in den Abruzzen haben keine Angst vor Wölfen. Sie wissen, wie die Herde zu beaufsichtigen ist, damit Verluste selten hingenommen werden müssen. Die Wölfe sind sogar eine Arbeitsplatzgarantie, denn überall dort, wo heute keine Wölfe sind, sömmern die Schafe ohne spezielle Aufsicht. Gefahr droht den Hirten jedoch von den zahlreichen verwilderten Hunden. Allein in Italien gibt es davon über 800 000. Etwa 80 000 vegetieren in den Randzonen der Wolfsreviere, denn innerhalb der streng strukturierten

Wolfsgesellschaft werden sie nicht geduldet. Sie paaren sich aber gelegentlich mit einsamen Wölfen und zeugen Mischlinge. Es sind diese Mischlinge, bei denen die gute Wolfsart sich mit hündischer Aggressivität gepaart hat, die Hirt und Schaf am meisten gefährden.

Im Wallis sömmern im Berggebiet 67 000 Schafe. Die Tiere sind kaum beaufsichtigt und auch nachts im Freien. Falls hier demnächst Wölfe aufkreuzen, müssten wieder Hirten beschäftigt werden. Und der Staat sollte jeden durch den Wolf verursachten Schaden übernehmen, wie dies bereits bei Luchsschäden praktiziert wird. Der Wolf wäre für sein Überleben aber keineswegs auf Schafe angewiesen, denn der Wildbestand ist im Wallis heute so hoch wie kaum je zuvor.

Der Wolf also eine Konkurrenz für die Jäger? Untersuchungen in Kanada haben gezeigt, dass die Wölfe aus dem Hirschbestand zu 85 Prozent Kälber und alte Tiere holen, obschon diese lediglich 40 Prozent der Tierpopulation ausmachen. Auch bei den Wildschafen macht die stärkste Altersgruppe der Ein- bis Achtjährigen nur 14 Prozent der Wolfsbeute aus. Und von diesen Opfern sind erst noch zwei Drittel krank.

Der Wolf erfüllt im Naturhaushalt also eine durchaus nützliche Rolle und bedeutet für den Wildbestand insgesamt keine Gefahr. Nur: Sollten im Wallis wieder Wölfe auftauchen, würde das Wild dort vorsichtiger und das Weidwerk entsprechend schwieriger. Was dem tüchtigen Jäger eigentlich nur recht sein sollte.

Wer nicht ohnehin glaubt, der Mensch sei von Gottes Gnaden ein höheres Wesen und deshalb himmelweit von jedem Tier entfernt, sucht nach Merkmalen, die ihn vom Tier unterscheiden. Lange Zeit galt die Fähigkeit zum Werkzeuggebrauch als taugliche Abgrenzung. 1764 aber beobachtete ein Holländer in Indonesien, wie ein Fisch als Jagdwaffe Wasser nutzt, indem er mit gezieltem Strahl Insekten von tiefhängenden Blättern spuckt. Das folgende Jahrhundert brachte immer weitere Belege für den Werkzeuggebrauch bei den unterschiedlichsten Tieren, und Darwin nahm schliesslich die Verwendung von Werkzeugen bei Affen als Argument, zwischen höheren Säugetieren und dem Menschen bestehe kein fundamentaler Unterschied in bezug auf die geistigen Fähigkeiten.

Friedrich Engels stellte 1876 den Menschen wieder auf den Sockel: Nicht der Gebrauch von Werkzeugen, sondern deren Herstellung sei die überragende Leistung. Denn Arbeit fange meist mit der Produktion von Werkzeugen an. Was Engels den Satz prägen liess: «Keine Affenhand hat je das roheste Steinmesser verfertigt.» Das Kriterium hatte recht lange Bestand. Bis Jane Goodall 1963 bei den Schimpansen im Gombe-

Nationalpark in Tansania beobachtete, wie sich die Tiere mit Hilfe dünner Zweige Termiten aus den Eingangslöchern der Insektenhügel angeln – und das Werkzeug dazu erst sorgfältig basteln, indem sie belaubte Zweige entblättern, aus einem Palmblatt nur die Mittelrippe zupfen oder eine zu stark gekrümmte Spitze abbeissen. Die Verunsicherung war so tief, dass 1965 der führende Anthropologe Louis Leakey einen Kongress einberief, um nach neuen Kriterien für das Menschsein zu suchen.

Mittlerweile ist man vielerorts überzeugt, dass der Mensch-Tier-Unterschied nicht qualitativ, sondern lediglich quantitativ sei. Und Jane Goodall relativierte vor zehn Jahren die menschliche Einzigartigkeit mit einer weiteren Beobachtung: Im Gombe-Nationalpark hatten die Männchen der «Nordgruppe» in einem vierjährigen Vernichtungsfeldzug die Männchen der «Südgruppe» systematisch ausgerottet. So bleibt nicht einmal der Krieg eine urmenschliche Errungenschaft.

Der Werkzeuggebrauch bei Tieren ist zu einer wichtigen Sparte der Verhaltensforschung geworden. Mittlerweile sind Hunderte von Beispielen bekannt; jedes Jahr verlängert sich die Liste der Werkzeuge gebrauchenden Tiere um zwei weitere Arten. Dabei spannt sich der Bogen von der simplen Spitzkreiselschnecke – die, wenn sie bei einer waghalsigen Klettertour auf dem Rücken landet, mit der klebrigen Fusssohle nach Steinen sucht, um schliesslich dank der Zusatzlast mit Schwung wieder auf den Fuss zu kommen – bis zum Schimpansen, dessen Werkzeugpraxis zehn verschiedene Techniken kennt. Darunter gezieltes Werfen mit Stöcken und Steinen gegen Feinde, Knacken von Nüssen mit Hammer und Amboss, Sammeln von Flüssigkeit aus einer Baumhöhle mit einem Blattschwamm und Herumtragen eines belaubten Zweiges als Regenschirm.

Solche Untersuchungen werfen auch neues Licht auf die Frage nach angeborenem und erlerntem Verhalten: Die Grabwespe klopft nach dem Verschliessen des Nesteinganges den Sand völlig instinktmässig mit einem passenden Stein fest. Der Mangrovenreiher aber frisst als Jungvogel einen gefangenen Regenwurm und lernt erst im Laufe der Jahre, dass er seine Beute viel effizienter nutzen kann, wenn er den Wurm ins nahe Wasser wirft und dann nach einigem Warten mit diesem Köder einen fetten Fisch ergattert.

Wie vielfältig und faszinierend das Verwenden von Werkzeug im Tierreich ist, stellt Peter-René Becker in seiner Übersicht «Werkzeuggebrauch im Tierreich» (S.-Hirzel-Verlag, Stuttgart 1993) dar. Dabei fällt auf, dass es nicht etwa die Säugetiere, sondern vielmehr die Vögel sind, die Werkzeuge am häufigsten nutzen. Wenig verwunderlich, steht doch der Grossteil solchen Verhaltens im Dienste der Nahrungsbeschaffung. Das wohl bekannteste Beispiel ist der Spechtfink von den Galapagos-Inseln. Er holt sich mit dem Schnabel ein dürres Zweiglein oder einen Kaktusdorn und stochert mit diesem Bohrer in einer Baumritze herum, bis er ein Insekt aufgespiesst hat. Das Stochern nach Futter ist mittlerweile sowohl bei andern Galapagos-Finken als auch beim Marabu und sogar bei unserer Blaumeise entdeckt worden. Während der Meise für den Job eine Kiefernadel genügt, ist das Stocherwerkzeug beim Marabu immerhin ein 50 Zentimeter langer Stock.

Werkzeuge drängen sich überall dort auf, wo die begehrte Nahrung anders nicht zu erreichen ist. Besonders häufige Ziele von Werkzeugeinsätzen sind deshalb die Schalen von Eiern sowie die Gehäuse von Muscheln und Schnecken. Der Schmutzgeier öffnet Eier anderer Vögel, indem er mit dem Schnabel Steine packt und auf die Eier wirft. Ist das Ei ein Straussenei, sucht der nur etwa rabengrosse Geier Steine bis zu einem Kilogramm und schleppt das passende Werzeug allenfalls kilometerweit heran. Der Schmutzgeier trifft etwa mit jedem zweiten Wurf und benötigt bis zu einem Dutzend Würfe, bis das Straussenei zerspringt. Wie ernst es die Tiere meinen, merkten die Forscher, als sie versuchsweise ein Straussenei mit einem Gipsei vertauschten: Zwei Geier traktieren die Attrappe vergeblich anderthalb Stunden lang.

Die Singdrossel macht es gerade umgekehrt: anstelle des Hammers nutzt sie einen Amboss. Sie packt mit dem Schnabel Gehäuseschnecken und schlägt diese so lange auf einen flachen Stein, bis die Delikatesse offen daliegt. Geradezu ins Schwärmen kommen die Fachleute beim Beschreiben der Knacktechnik des Seeotters. In Tauchgängen bis zu 50 Meter Tiefe holt sich das Tier Muscheln vom Grund und beschafft sich ausserdem einen pfundschweren Stein. Rücklings auf der Wasseroberfläche treibend, legt sich dann der Otter den Stein auf den Bauch und haut mit den Pfoten die Muschel hochkant auf den Amboss, bis die Schale zerspringt. Der beobachtete Dauerrekord liegt bei 54 Muscheln, die ein Seeotter innert 86 Minuten mit insgesamt 2237 Schlägen bewältigte. Da sich das Tier bei solcher Schwerarbeit keine Umwege leisten kann, wird zwischen den Tauchgängen der Stein kurzerhand in die Achselhöhle geklemmt.

Fast unglaublich erscheinen jene Beobachtungen, nach denen Tiere sich mit Werkzeugen medizinisch halfen. Alec Chisholm berichtet von Schnepfen und Drosselstelzen, die sich ein verletztes Bein mit Federn selber schienten und mit Schlamm eingipsten. Aus dem Zoo von Augsburg ist ein Fall bekannt, wo eine indische Elefantenkuh ihren Rüssel 60 Zentimeter tief über einen spitzen Ast schob – bis ein Abszess im Nasengang durchstochen war und der Eiter abfliessen konnte. Wenig verwunderlich, dass sich auch Schimpansen selber helfen, indem sie auf blutende Wunden Blätter und Grasbüschel pressen.

Eine witzige kulturelle Anpassung zeigte sich im Verhalten jener amerikanischen Krähe, die in Kalifornien Walnüsse auf die Strasse warf und, wenn ein Auto die Schale knackte, in Sekundenschnelle für den Schmaus zur Stelle war. Aber auch auf den Shetland-Inseln haben die Rabenkrähen entdeckt, dass sie die grossen Meeresschnecken am besten von Lastwagen aufbrechen lassen. Und vollends das Tun des Menschen in ihren Dienst gestellt haben jene schwedischen Nebelkrähen und Kolkraben, welche die Angelschnüre

der Eisangler am Wasserloch mit dem Schnabel pak-
ken und dann auf dem Eis zurücklaufen, bis der Köder
oder ein gefangener Fisch verfügbar wird.

Es wäre nun aber verfehlt, den Gebrauch von
Werkzeugen generell mit Intelligenz gleichzusetzen.
Der Entscheid, ob ein Tier Werkzeuge benutzt, ist eng
mit seinen zufälligen Erbveränderungen verknüpft, die
sich in der spezifischen Umgebung des Tieres bewäh-
ren müssen. So hat die Evolution dem Senegal-Flug-
huhn ein flauschiges Bauchgefieder gebracht. Indem
das Männchen in der trockenen Steppe zur weit entfernten Tränke fliegt, dort sein Gefieder mit Wasser
vollsaugen lässt und diesen Flüssigkeitsvorrat den Jungen ins Nest bringt, ist seine Lebenssituation auch
ohne Werkzeug optimiert. Anders die Knotenameisen.
Ihnen hat die Evolution nicht einen anatomischen
Schwamm, aber über die Kette von Zufall und Be-
währung einen für den Transport von Flüssigkeit ge-
eigneten Werkzeuggebrauch beschert: Mit trockenem
Schlamm, Blättern und Holzstücken sammeln die
Ameisen Pflanzensäfte und tragen so die Flüssignah-
rung viele Meter weit zur Brutkammer der Königin.

Vielleicht ist gerade jenes Wesen intelligent, das
nur dort Werkzeuge verwendet, wo zum Erreichen
eines Ziels keine körpereigenen Möglichkeiten bestehen. Kann der Schimpanse die harte Pandafrucht nur
mit dem Granithammer öffnen, genügt dem Orang-
Utan selbst für die härteste Knacknuss sein kräftiges
Gebiss. Weshalb nur nehmen gewisse Primaten selbst
für ein einziges Stockwerk den Lift?

Hummer und Languste. Das Liebesleben der Hummer ist alles andere als primitiv.

Eben noch hat er mit der Waffe wild herum-gefuchtelt. Jetzt wird der Ritter plötzlich ruhig. In einer Ecke stellt er sich auf die Zehenspitzen und beobachtet, wie sich die Dame aus dem Kleid schält. Nach etlicher Mühe ist sie des arg engen Korsetts ledig und legt sich erschöpft nieder. Die zarte, verletzliche Haut schimmert hell im abendlichen Gemach. Langsamen Schrittes nähert er sich ihr. Mit einer Behutsamkeit, die man seinen gepanzerten Fäusten nicht zutrauen würde, dreht er die Liegende sanft auf den Rücken. Und schiebt sich auf ihren Körper, um endlich seine Männlichkeit zu beweisen.

Was einem Kitschroman entnommen scheint, ist das Liebesleben von *Homarus americanus*, dem Amerikanischen Hummer. Und erforscht hat das faszinierende Leben unter Wasser ein Vierteljahrhundert lang Jelle Atema. Als frischgebackener Doktor der Biologie war er 1970 ans Laboratorium für Meeresbiologie nach Woods Hole bei Boston gekommen, um ein altes Rätsel zu lösen: Wie können sich die nachtaktiven Hummer im Dunkel der Küstengewässer orientieren? Dass allenfalls auch bei Meerestieren chemische Signale, wie man sie bereits von den Insekten her kannte, eine Rolle spielen könnten, liess die frühere Arbeit anderer Meeresbiologen vermuten: Man hatte gesehen, wie Hummer besonderes Interesse zeigten, wenn man ihnen ins Aquarium Wasser schüttete, das aus dem Wasserbecken eines frischgehäuteten Weibchens stammte.

Atema unternahm mit Kolleginnen und Kollegen unzählige Tauchgänge in den seichten Küstengewässern vor Massachusetts, um im diskreten Lampenlicht das nächtliche Verhalten der Hummer zu beobachten. Um auch zu erfahren, was in den Wohnhöhlen der Tiere vor sich geht, bauten sie im Institut zwei riesige Meerwassertanks, in denen die natürlichen Bedingungen der küstennahen Unterwasserzone möglichst getreu nachgeahmt waren, inbegriffen Tag- und Nachtrhythmus sowie Licht und Temperatur der Jahreszeiten. Was die Biologen schliesslich fanden, war nicht nur ein ungeahnt komplexes chemisches Kommunikationssystem, sondern auch ein Gesellschaftsleben, wie man es von den Krebstieren niemals erwartet hatte.

So imposant ein ausgewachsener Hummer mit seinen beiden mächtigen Scheren auch aussehen mag, im Hummerreich herrscht Damenwahl. Kaum ist es Abend geworden, beginnt am Meeresboden das Hin und Her. Die tagsüber einzeln in ihrer privaten Felshöhle versteckten Tiere kriechen hervor und gehen auf Inspektion. Neugierig stecken sie den Kopf in fremde Häuser, um zu sehen, wer wohl hier hausen mag. Trifft dabei ein Männchen auf einen anderen Herrn, wird ihm am Höhleneingang mit drohenden Scheren klargemacht, dass es hier nichts zu schnüffeln gibt. Einem

Weibchen begegnet der Hausherr weniger abweisend, und er kommt erst zur Tür, nachdem die Neugierige wieder gegangen ist. In den nächsten Nächten wiederholen sich die weiblichen Stippvisiten. Schliesslich tritt sie über die Schwelle.

Das scheint den Hausherrn nun doch aus der Fassung zu bringen. Aus einer Ecke hervortrabend, haut er mit geschlossenen Scheren auf die Besucherin ein. Diese nutzt ihre Waffen meist nur als Schild und verlässt bald das wenig gastliche Haus. Am nächsten Abend ist sie aber wieder da, was den Hausherrn einmal mehr verwirrt. Nach einigen Malen wird das Weibchen in der Höhle geduldet. Das Boxen gehört noch immer zum Ritual. Nur verdrischt jetzt das Weibchen das Männchen.

An einem der nächsten Tage schlägt das Weibchen das Männchen zum Ritter: Hochaufgerichtet hält es eine oder beide ihrer Scheren über sein Haupt. Er wird ganz still. Innerhalb der nächsten Stunde beginnt der Körper des Weibchens im Panzer dramatisch zu schrumpfen. Die kräftigen Muskeln der Scheren haben bald nur noch einen Viertel der früheren Grösse; Wasser und Blut sickert aus dem Panzer. Schliesslich zwängt sie sich aus den Scheren, den Beinhülsen, dem Brust- und Schwanzpanzer und fällt als schwabbeliges Wesen haltlos auf die Seite. Eine halbe Stunde später ist das Männchen bei ihr.

Die Begattung dauert nur einige Sekunden. Danach behält das Männchen das Weibchen etwa fünf weitere Tage in seiner Höhle, bis sich ein neuer Panzer

117

gebildet hat. Denn entliesse er sie ohne schützenden Panzer ins Nachtleben, drohte ihr der Untergang – oder die Verlockung weiterer Liebesabenteuer, was beides die genetische Investition des Männchens in Frage stellte. Ist die Braut bereits in die Jahre gekommen, lohnt sich für den Hummer die aufmerksame Betreuung doppelt. Ältere Hummerweibchen häuten sich nämlich nicht mehr jährlich, sondern nur noch jedes zweite oder dritte Jahr. Sie haben aber trotzdem jährlich ihre Kinderschar. Zu diesem Zweck halten sie einen Teil des männlichen Samens aus dem Vorjahr im Körper frisch und verwenden den Vorrat nach Bedarf zum Befruchten der neuen Eier.

In den Küstengewässern von Massachusetts häuten sich die jungen Hummerweibchen in den ersten beiden Juniwochen. Als Atema im Meerwassertank fünf Weibchen und zwei Männchen einquartierte, zeigte sich Erstaunliches: Obschon für Atema beide Männchen gleich kräftig und gross ausschauten, besuchten sämtliche Weibchen nur den einen Herrn. Und zwar schön der Reihe nach, indem die zweite Dame genau dann mit den Hausbesuchen begann, als die erste die Flitterwochen hinter sich hatte. So folgten sich die fünf Liebesepisoden im Takt von etwa zwei Wochen. Und entsprechend getaktet war auch der Zeitpunkt des weiblichen Panzerwechsels.

Was die Forscher auf die Suche nach chemischen Signalen zurückbrachte. Dem Hummer vor die Nase geleiteter roter Farbstoff führte zur Lösung des Rätsels: Mit seinen Kiemen bringt das Tier das Wasser in eine kräftige Vorwärtsströmung. Dem Strom seiner ausgeatmeten Stoffwechselprodukte mischt es je nach Situation noch Urin oder ein spezielles Drüsensekret bei. So baut das Tier auf einer Distanz von etwa sieben Körperlängen laufend eine individuelle Duftwolke auf. Mit seinen Beinen kann der Hummer die duftende Strömung auch nach rückwärts lenken. Eine noch viel kräftigere Wasserbewegung erreicht er jedoch, indem er mit den hinteren Schwimmfüssen das Wasser unter seinem Körper schwanzwärts paddelt.

Chemische Signale haben nur einen Sinn, wenn sie von den Artgenossen entschlüsselt werden können. Man hat beim Hummer an den Antennen und an den Beinen Hunderttausende von Riechhaaren entdeckt, die individuell auf die unterschiedlichsten chemischen Substanzen reagieren und so dem Tier ein vielfältiges Erkennen chemischer Signale ermöglichen.

Um das chemische Gespräch noch genauer zu ergründen, befestigten die Forscher einen kleinen Plastic-Katheter am Harnausgang des Männchens. Sie fanden, dass jene Männchen sozial dominieren, die während Prügeleien mit andern Männchen besonders kräftige Urinmarken setzen. Es scheinen wiederum Urinsignale im Wasserstrom zu sein, die dem dominanten Männchen Besucherinnen gleich reihenweise vor die Höhle bringen, während der Zweitklassemann sitzenbleibt. Wie streng die hierarchischen Bräuche im Hummerreich sind, merkten die Forscher, als sie ein Weibchen kurz vor ihrem üblichen Häutungstermin ins Bassin setzten. Da das dominante Männchen gerade eine andere Dame zu Besuch hatte, das Weibchen aber den Zeittakt der Häutung nicht mehr aufhalten konnte, gesellte es sich zu einem zweiten Männchen. Kaum hatte das dominante Männchen die Liaison spitzgekriegt, rannte es von seiner Liebsten weg, stürmte dem Rivalen in die Bude und warf ihn zum hinteren Höhleneingang hinaus – ohne der anwesenden Dame irgendwelche Beachtung zu schenken.

Die Schwierigkeit, chemische Signale unter Wasser zu erfassen, lässt manche Frage offen. So können Atema und seine Leute nur spekulieren, der «Ritterschlag» vor der Häutung sei eine besonders intensive chemische Mitteilung, indem die über dem Kopf des Männchens schwebende Schere die Kiemen des Weibchens direkt vor den Körper des Männchens bringt und ihm so der Hochzeitsmarsch geblasen wird. Dass das Männchen ebenfalls per Chemie der Umgebung die Hochzeit mitteilt, erhärtet folgende Beobachtung: Während der weiblichen Visiten steht das Männchen immer wieder am Höhleneingang und paddelt Wasser nach draussen. Je näher die Hochzeitsnacht rückt, desto intensiver wird das Wassertreten.

Atema vermutet, damit transportiere das Männchen sowohl seine wie des Weibchens Duftmarken in die Umgebung. Dies signalisiere den andern Weibchen den Ort baldiger sexueller Chancen. Indem das Männchen aber möglicherweise dem Strom einen chemischen Hemmstoff beimische, werde bei den wartenden Weibchen die sich anbahnende Häutung unterdrückt, bis sie selber in der Höhle sind.

Der Hase und der Kosmos

Wenn bei uns die Tage wärmer werden, tauchen die lästigen Mücken in immer grösserer Zahl auf. Neben solchen jahreszeitlichen Schwankungen von Tierpopulationen kennt die Natur auch mehrjährige Zyklen: Alle vier Jahre machen Bevölkerungsexplosionen bei den Wühlmäusen unseren Bauern Sorge; in Skandinavien geschieht Ähnliches jedes siebte Jahr mit den Lemmingen. Was es jedoch mit den Schneeschuhhasen und den Luchsen in Nordamerika auf sich hat, stellt all dies in den Schatten. Im Zehnjahresrhythmus wächst die Anzahl der Schneeschuhhasen innert zwei, drei Jahren um das Zweihundertfache, worauf sie dann ebenso schnell wieder schrumpft. Mit einer Verzögerung von ein bis zwei Jahren folgt diesem Zyklus der Hasen die Populationskurve der Kanadaluchse.

Dass dieses existentielle Auf und Ab die Abhängigkeit des Jägers Luchs von seiner Beute Hase widerspiegelt, war den Biologen schon immer klar. Erstaunlich blieben aber der strenge Takt sowie die geographische Gleichzeitigkeit des Phänomens: Seit 1752 sind 19 Luchszyklen von jeweils knapp zehn Jahren Länge festgestellt worden. Und: der Zyklus läuft im gesamten Verbreitungsgebiet der Luchse (6000

Kilometer Ausdehnung in Ost-West-Richtung und 3000 Kilometer in Nord-Süd-Richtung) gleichzeitig ab. Zwar findet man kleinräumig durchaus Zyklen, deren Länge zwischen sieben und zwölf Jahren variiert. Über grosse Gebiete betrachtet aber ergibt sich ein verblüffend synchroner Zehnjahresrhythmus.

Den Grundstein zum Studium des seltsamen Geschehens legte die buchhalterische Sorgfalt der Company of Adventurers of England tradeing into Hudson's Bay. Diese unter dem Kürzel Bay legendär gewordene Handelsgesellschaft hatte 1670 das Glück, vom englischen König Charles II alles Land zugesprochen zu erhalten, dessen Wasser in die von Henry Hudson entdeckte Meeresbucht fliesst – eine Fläche von vier Millionen Quadratkilometern, wie König und Bay erst nach und nach merkten. Zu den Reichtümern des riesigen Gebietes gehört eine Vielfalt an Pelztieren; die Bay wurde bald schon zum renommierten Pelzlieferanten. Und da die Gesellschaft ihre Geschäfte akribisch dokumentierte, steht eine einmalig umfangreiche Statistik der gehandelten Felle zur Verfügung.

Es war den indianischen Fallenstellern und den weissen Händlern natürlich schon früh aufgefallen, dass die Zahl der erbeuteten Hasen- und Luchsfelle in regelmässigem Rhythmus schwankt. So berichtete bereits 1820 ein Agent der Bay über besonders hohe Eingänge an Luchsfellen alle acht bis zehn Jahre. Vor hundert Jahren begannen sich auch Biologen für die aussergewöhnlichen Daten in den Büchern der Bay zu interessieren. Aber erst die sehr detaillierte Aufschlüsselung der Fangergebnisse nach einzelnen Regionen durch Elton und Nicholson im Jahre 1942 ermöglichte eine umfassende zeitliche und geographische Beurteilung des Phänomens. Jetzt konnte die Suche nach der Lösung des Rätsels beginnen.

Gab die Zahl der erbeuteten Felle überhaupt Aufschluss über die wahre Zahl der vorhandenen Tiere? Im Zeitraum von 1778 bis 1790 fehlen beispielsweise in der Pelzstatistik die gewohnten Spitzenerträge. Just in jenen Jahren wütete unter den Indianern eine Pockenepidemie. 1980 äusserte ein Autor die Hypothese, der Hasenzyklus sei zwar natürlich, der Luchszyklus aber widerspiegle lediglich die Jagdtradition der Cree-Ojibwa-Indianer: In hasenarmen Jahren hätten die Indianer für die eigene Ernährung Elch und Karibu jagen müssen und deshalb keine Zeit für den Tauschhandel mit Fellen gehabt. Bei hoher Schneeschuhhasen-Dichte aber sei es den Frauen und Kindern möglich gewesen, mit Schlingen rasch genügend Hasen für den täglichen Bedarf zu fangen, was den Männern Freizeit für den Pelztierfang liess.

Diese hübsche Hypothese fand ihre Widerlegung mit der Erkenntnis, dass die Indianer in den «luchsarmen» Jahren andere Pelzarten weiterhin in grösseren Mengen an die Bay lieferten. Zudem wurde im 20. Jahrhundert der Hauptteil der Pelzernte von weissen Fallenstellern eingebracht, die kaum Hasen assen und trotzdem Luchsfelle im ausgeprägten Zehnjahreszyklus erbeuteten.

Nachdem auch Mutmassungen über modebedingte Schwankungen des europäischen Pelzmarktes diese Regelmässigkeit nicht erklären konnten, machten sich die Mathematiker an die Arbeit. Sie brachten nach den klassischen Regeln der Jäger-Beute-Beziehung den Luchszyklus mit dem Hasenzyklus in zeitlich verschobenen Gleichtakt: der Jäger Luchs vermehrte sich rasch, wenn er viel Beute fand, und er verhungerte, wenn er durch Übernutzen des Hasenvorrates seine Nahrungsgrundlage ruiniert hatte.

Nur: Alle mathematischen Bemühungen konnten nicht erklären, warum die beiden Zyklen über ein derart weites Gebiet synchron sind, obwohl lokal durchaus zeitliche Abweichungen bestehen. Die Fachleute wurden sich schliesslich einig, es müsse über allen ökologischen und menschlichen Faktoren ein geheimnisvoller und mächtiger Taktgeber walten, der das Werden und Vergehen mindestens der Schneeschuhhasen-Population zeitlich regle.

In den letzten zwanzig Jahren verdichtete sich die Vermutung, der Hasenzyklus werde vom wechselnden Angebot an Nahrungspflanzen gesteuert. Und dieser Rhythmus wiederum unterliege einem Klimadiktat. In der Tat liess sich zeigen, dass in der Taiga Nordamerikas Niederschlagshäufigkeit und Temperatur der Sommermonate im mehrjährigen Verlauf parallel zum Hasenzyklus schwanken. Was aber steuert das Klima? Höchstwahrscheinlich der Kosmos. Denn mit einer mittleren Periodenlänge von 10,6 Jahren wächst und schwindet die Strahlungsaktivität der Sonne, wobei als sichtbare Zeichen erhöhter Aktivität auf dem Sonnenantlitz dunkle Flecken, die Sonnenflecken, erscheinen.

Die selbst für manchen Wissenschafter phantastisch klingende Sonnenfleckentheorie erhielt 1993 dank der Arbeit von Sinclair Unterstützung, der an gefällten Bäumen im Yukon das rhythmische Auftreten von sehr engstehenden Baumringen nachweisen konnte. Die im Baumquerschnitt alle acht bis zwölf Jahre auftauchenden engen Jahrringe interpretierte Sinclair als Zeichen eines verringerten Wachstums der Nadelbäume infolge starken Verbisses durch die periodisch sehr zahlreich auftauchenden Hasen. Auch die von den Astronomen registrierten Sonnenfleckenzyklen zeigen Perioden mit schwankender Dauer zwischen acht und vierzehn Jahren. Überzeugend wirkt nun die Feststellung, dass in Zeiten, wo die maximale Sonnenaktivität schwach ausgeprägt war, der Sonnenfleckenzyklus und die Abfolge enger Baumringe nicht gut übereinstimmen und in verschiedenen Regionen zeitlich durchaus verschoben sein können. In den drei Epochen von 1751 bis 1787, 1838 bis 1870 und 1948 bis heute aber, die alle durch eine generell starke Sonnenaktivität gekennzeichnet waren und sind, folgt der Baumringzyklus (und mit ihm der Hasenzyklus) grossräumig und exakt dem Takt der Sonnenflecken.

So sind sich die Wissenschafter weitgehend einig, dass ein kosmischer Zyklus das Wohlergehen der Schneeschuhhasen in Nordamerika regiert. Für den Biologen aber bleibt die Frage, wie solche Kausalität im ökologischen Detail funktioniert, denn Sonnen-flecken gebären keine Hasen und töten sie auch nicht.

Diese Frage zu klären, dient die wohl grösste ökologische Freilandstudie, die 1976 begonnen wurde. Unter der Leitung der Universität von Britisch Ko-lumbien in Vancouver hat sich eine internationale Forschergemeinschaft im Jagdbanngebiet Kluane im südwestlichen Yukon an die Aufgabe gemacht, das re-gionale Ökosystem in seiner ganzen Vielfalt zu unter-suchen. Den Forschern war klar geworden, dass Hase und Luchs, Kojote und Eichhörnchen, Kräuter und Sonne in inniger Verflechtung zusammenwirken und die natürlichen Zyklen nur in der Gesamtschau zu ver-stehen sind.

Bei diesem wissenschaftlichen Generalangriff ist auch das Berner Biologenpaar Christine und Urs Brei-tenmoser-Würsten dabei. Die beiden widmen sich vorab der Reaktion der Luchse auf den Zusammen-bruch der Hasenpopulation. Die ersten Ergebnisse sind unlängst in der Zeitschrift «Wildbiologie Inter-national» publiziert worden. Es zeigt sich, dass die Ha-sen vom Winterfutter, vor allem von Sträuchern und Bäumen, entscheidend abhängen.

Die wachsende Hasenmenge übernutzt die karge Vegetation jeweils derart stark, dass die Hasen wieder weniger werden, noch bevor die Luchse zuschlagen. Der Luchs selber ist Nutzniesser wie Opfer des Ha-senzyklus, indem er beim Wachsen der Hasenbevölke-rung sofort mehr Junge produziert, beim Schwinden der Hasen aber seine Fruchtbarkeit rasch reduziert.

126

Denn während Hasenfresser wie Greifvögel und Kojoten auf andere Beute ausweichen können, ist der Luchs auf den Schneeschuhhasen spezialisiert.

Der dann alle zehn Jahre durch die erhöhte Sonnenaktivität vermittelte Klimabonus hilft der geschundenen Vegetation – und damit den Hasen – schliesslich wieder auf die Beine.

Die Körpergrösse der Pinguine hängt stark von der geographischen Breite
(und damit vom Klima) ab.

Das grösste Tier ist der Blauwal. Ein 1947 in der Antarktis gefangenes Weibchen wog 190 Tonnen und war 28 Meter lang. Im Verhältnis zur Körpergrösse am kräftigsten sind jedoch Skarabäus-Käfer, die bis zum 850fachen des Eigengewichtes auf dem Rücken tragen können. Das stärkste Gift hat der Goldene Pfeilgiftfrosch; die Hautabsonderungen eines einzigen Exemplars könnten 1500 Menschen töten. Mit Geschwindigkeiten bis 100 km/h schwimmt der Seglerfisch am schnellsten, mit 62 760 Schlägen pro Minute hat eine Mücke der Gattung Forcipomyia die höchste Flügelschlagfrequenz.

Dies nur wenige Beispiele aus dem «Guinness-Buch der Rekorde», wo auch das Ereignis des längsten Scheintods festgehalten ist: Im Britischen Museum klebten Angestellte im Jahre 1846 zwei Wüstenschnecken auf eine Schautafel – und sahen vier Jahre später, dass eines der Tiere noch lebte; nach seiner Befreiung begann es wieder munter zu kriechen. So sind Höchstleistungen und Absonderliches, Triviales und Unglaubliches zum zoologischen Potpourri vereint – in Gesellschaft der Rekorde des Homo sapiens aus Technik, Sport, Wirtschaft und der lustigen freien Zeit.

Zwischen Rekorden im Tierreich und Rekordleistungen wie dem stärksten Dieselmotor (41 920 kW), dem schnellsten Skifahrer (229 km/h über 100 Meter), dem grössten Bankrott (35,9 Milliarden Dollar), der längsten Spuckweite (26,96 Meter mit einem Kirschkern) besteht jedoch ein fundamentaler Unterschied: Während der Mensch seine Bestmarken aus materiellem Streben, aus Lust am Risiko, aus Geltungssucht oder auch nur zum Spass setzt, kennt das Tier keinen Luxus. Gross und klein, schnell und langsam sind für eine gegebene ökologische und soziale Situation die jeweils optimale Strategie im unbarmherzigen Wettlauf um Überleben und genetisches Weiterkommen. Schneller zu rennen, mehr zu fressen als unbedingt nötig, kann sich nur die Spezies leisten, die dank neuronaler Überlegenheit aus der Natur soviel nehmen kann, wie sie will (und solange es hat).

Zur Grösse: Die Evolution hat immer wieder Tierriesen hervorgebracht. Denn grosse Tiere können kleinere physisch dominieren, und sie haben im Kampf um Ressourcen leichter die Oberhand. Nur: Je grösser ein Tier wird, desto länger braucht es bis zur Geschlechtsreife und desto weiter liegen die Generationen auseinander. So muss der Elefant zehn Jahre auf seinen ersten Nachwuchs warten. Eine Zeitspanne, in der aus einer Maus bereits Zehntausende von Nachkommen geworden sind. Ändern sich nun die Umweltbedingungen rasch (etwa aus klimatischen Gründen), kann sich die Maus genetisch anpassen, während der

Elefant mit seinem langsamen Fortpflanzungstakt die entsprechende Chance nicht hat. Auch findet das kleine Tier in der Natur eher Schutz vor ungewohnter Hitze oder Kälte, kann seinen Speisezettel leichter einem veränderten Angebot anpassen als das grosse Tier, das viel Platz braucht und auf beträchtliche Nahrungsmengen angewiesen ist. Solche Abhängigkeit dürfte beim Verschwinden der Dinosaurier eine Hauptrolle gespielt haben, als vor 65 Millionen Jahren vermutlich eine kosmische Katastrophe einen plötzlichen Klimawandel auslöste.

Gross und klein haben auch rein physikalische Grenzen. Macht man bei einer Kugel den Durchmesser zehnmal grösser, wächst die Oberfläche um das Hundertfache, und das Volumen wird sogar tausendmal grösser. Um seine Körpertemperatur aufrechtzuerhalten, muss das Säugetier laufend Wärme produzieren. Der Wärmeverlust ist beim ruhenden Tier aber eine Frage der Körperoberfläche. Da nun bei grösser werdendem Körpervolumen die Körperoberfläche proportional viel weniger stark wächst, wird der Energieumsatz pro Kilogramm Körpergewicht um so günstiger, je grösser das Tier ist. So braucht eine 20 Gramm schwere Maus für ihren Wärmehaushalt etwa 3 Kilokalorien im Tag, eine 200 Kilogramm schwere Sau kommt, trotz zehntausendfachem Gewicht, nur auf 3000 Kilokalorien.

Diesen energetischen Grössenbonus wissen die Tiere zu nutzen, wenn sie in kälteren Regionen leben. Deshalb wiegt der Galapagospinguin auf 1 Grad südlicher Breite 2 Kilogramm, der Magellanpinguin (50 Grad südlich) bereits 5 Kilogramm und der auf 65 Grad Breite in der Antarktis lebende Kaiserpinguin 30 Kilogramm. Und auch unter den Bären sind die Eisbären die mächtigsten. Das energetisch wichtige Verhältnis von Körperoberfläche zu Volumen limitiert die Warmblüter schliesslich im Kleinen. Denn um überhaupt warm zu bleiben, muss das kleinste Säugetier, die 2 Gramm schwere Etruskerspitzmaus, Tag für Tag das Doppelte ihres Körpergewichtes fressen. Eine noch grössere relative Nahrungsaufnahme liegt für Säuger nicht drin.

Leben die Tiere in tropischen Gegenden, wird nicht das Bewahren, sondern das Loswerden der produzierten Wärme ein Problem. Der Elefant ist deshalb in Afrika ziemlich deplaciert. Mit riesigen Ohren vergrössert er seine Oberfläche; das unablässige Fächeln verbessert zusätzlich die lebensnotwendige Wärmeabstrahlung. Und die Giraffe hat ihren langen Hals nicht nur zur bessern Übersicht.

Limiten setzt ferner auch die Erdanziehung. Denn während sich das Volumen und damit das Körpergewicht mit der dritten Potenz der Körperlänge steigert, wächst der Querschnitt der Knochen nur im Quadrat. Der Elefant mit seinen bis zu 6 Tonnen braucht deshalb ein verhältnismässig viel robusteres Knochengerüst als etwa ein Hund; das Elefantenskelett beansprucht einen Viertel des Körpergewichts, der Hund kommt mit 14 Prozent Knochenanteil gut zu Rande. Und so dynamisch uns ein Elefant erscheinen mag, das Eigengewicht drückt ihn derart zu Boden, dass er selbst auf den kleinsten Luftsprung verzichten muss – im Zoo braucht der Trenngraben im Elefantengehege nur wenig breiter als die Schrittlänge zu sein. Dass unter solchen Bedingungen die Saurier bis zu 100 Tonnen schwer geworden sind, war schon aus physikalischen Gründen ein Wunder.

Anders die Tiere im Meer. Dort wird die Erdanziehung durch den Auftrieb im Salzwasser praktisch kompensiert – der Grösse ist keine physikalische Grenze gesetzt. Manche Meeresbewohner wachsen deshalb ihr Leben lang. Dokumentiert sind eine hundertjährige Muschel von 275 Kilogramm, eine Meeresschildkröte von 1270 Kilogramm, ein 15 Meter langer Tintenfisch. Aus eben dem Grund übertreffen die heutigen Blauwale an Grösse sogar die legendären Dinos.

Warum aber wiegt der Walhai als grösster Fisch «nur» 10 Tonnen? Fische entnehmen den Sauerstoff für ihre Atmung über die Kiemen direkt dem Wasser. Da nun aber die Löslichkeit von Sauerstoff in Wasser viel geringer ist als in Luft, setzt dieser Effekt den Fischen körperliche Grenzen, während der Wal dank Lungenatmung den Sauerstoff viel effizienter tanken kann.

Ein Atmungsproblem ist auch der wesentliche Faktor für die Körpergrösse und Form der Insekten und Würmer. Diese beziehen den Sauerstoff nämlich direkt über die Haut oder über ein inneres Luftröhrensystem, ohne die Hilfe einer gastransportierenden

Körperflüssigkeit. Deshalb muss die Distanz zwischen Körperoberfläche und den inneren Organen kurz bleiben: den Insekten und Würmern bleibt nur ein Leben als Kleingetier. Wenn sie trotzdem den Hang zur Grösse verspüren, behalten sie den bescheidenen Querschnitt und werden einfach länger. So hat es ein südaustralischer Regenwurm immerhin auf 3 Meter gebracht, und die Netzpython hat mit ihren maximal 10 Metern auch ihr möglichstes getan.

Noch heikler wird es in der Luft. Kann die Hummelelfe als kleinster Kolibri ihre 1,6 Gramm noch problemlos in den Himmel schwingen, wird dies bei zunehmender Grösse immer schwieriger. Luftgefüllte Knochen zur Gewichtsreduktion und grosse Flügel für maximalen dynamischen Auftrieb sind wirkungsvolle flugtechnische Strategien. Da sich aber die Flügelfläche mit der Körpergrösse quadratisch, das Vogelgewicht jedoch einmal mehr mit der dritten Potenz ändert, müssen die Flügel bei den grössten Vögeln gewaltig sein. So verfügt der Steinadler, auch wenn er höchstens 6 Kilogramm schwer ist, über eine Flügelspannweite von bis zu 2,3 Metern. Und wer im Dokumentarfilm gesehen hat, wie der 8 Kilogramm schwere Albatros, trotz seiner 3,2 Meter Spannweite, beim Start erst über die Füsse stolpert und dann wie besoffen unendlich langsam Höhe gewinnt, kann die Mühsal dieses Fliegens erahnen.

Die obere Limite setzt schliesslich die für den Flügelschlag nötige Muskelkraft, denn der Querschnitt der Muskelfasern kann mit dem Grösserwerden der

Vögel wiederum nur im Quadrat wachsen. Deshalb hat der Strauss, einem wuchtigen Körper zuliebe, schon früh auf die Fliegerei verzichtet und ist jetzt mit 150 Kilogramm der schwerste Vogel.

Wegen der Verleumdung, er raube Lämmer und Kinder, wurde der Bartgeier in den Alpen praktisch ausgerottet.

Fallen dem Wal durch das sehr grosse Gewicht der Augenbrauen die Augen zu, hilft ihm der Lotsenfisch: Vorausschwimmend zeigt er die Untiefen, die dem Wal wegen seiner Körpergrösse gefährlich werden könnten. Ein seltsamer Vogel ist auch der «Ziegenmelker». Im Aussehen einer Amsel ähnlich, dringt er nachts in die Ställe der Hirten ein und fliegt an die Euter der Ziegen, um Milch zu saugen. Durch den Gewaltakt sterben die Euter ab, und die so gemolkenen Ziegen erblinden. Solches berichtete Gaius Plinius Secundus vor fast 2000 Jahren in seiner 37 Bände umfassenden «Naturkunde». Der römische Universalgelehrte hatte aus Hunderten von griechischen und römischen Texten das gesamte naturkundliche Wissen des Altertums zusammengetragen und so eine Enzyklopädie geschaffen, die neben einer Fülle von erstaunlich akkuraten Beobachtungen eben auch manch Phantastisches enthält.

Plinius erzählt auch von einem Adler, der den angeborenen Instinkt besitzt, erbeutete Schildkröten zu zerbrechen, indem er sie aus der Höhe herabfallen lässt. Ein solcher blinder Zufall habe den Dichter Aischylos getötet, der auf den freien Himmel vertraute, um dem für diesen Tag verkündeten Schicksal eines

137

Hauseinsturzes zu entgehen. Die von den modernen Naturforschern belächelte Anekdote erfuhr indes vor einigen Jahren eine überraschende Bestätigung. 1979 veröffentlichte der israelische Zoologe Yossi Leshem seine eingehenden Beobachtungen des Steinadlers. Der mächtige Greifvogel kommt heute noch recht häufig auf dem Balkan vor, lebt aber auch in den gemässigten Zonen Europas, Asiens und Amerikas. Das anpassungsfähige Tier bewohnt Flusstäler, Waldränder, Felsgebirge und Steinwüsten, wo es neben Hasen, Murmeltieren, kleineren Vögeln, Schlangen und Eidechsen auch Schildkröten erbeutet.

Je nach Gegend machen Schildkröten bis zu drei Viertel der Beute aus. Zwar knackt der Adler gelegentlich eine Schildkröte mit dem Schnabel auf der weichen Bauchseite. Weitaus häufiger aber nimmt er die gepanzerte Beute in die Fänge, fliegt etwa 60 Meter hoch und lässt das Tier auf felsigen Grund fallen. Das könnte ohne weiteres für umherwandelnde Dichter tödlich sein, meint leicht ironisch Peter-René Becker in seiner kürzlich publizierten Übersicht «Werkzeuggebrauch im Tierreich».

Von «fliegenden» Schildkröten berichtet darin auch Wolfgang Fischer. Er beobachtete in Bulgarien Steinadler, die ihre Griechischen Landschildkröten sogar auf dem Todesflug begleiten: Nachdem der Adler in luftiger Höhe die Beute losgelassen hat, sticht er im Sturzflug neben dem fallenden Tier in die Tiefe, um unverzüglich nach dem zerschellten Opfer zu suchen. Hat der Panzer dem Aufprall standgehalten, kommt die Schildkröte zu einer weiteren Flugreise. Manchmal sind bis zu drei Flüge nötig; ein besonders hartnäckiger Fall führte erst nach acht Abwürfen zum Erfolg.

Sehr gut bekannt ist das Abwurfverhalten des Bartgeiers. Der imposante Vogel und hervorragende Gleiter lebt in den Hochgebirgen Asiens und Afrikas und war früher auch in Europa weitverbreitet. Im letzten Jahrhundert fiel er in den Alpenländern jedoch der Verleumdung zum Opfer, er raube Lämmer und sogar kleine Kinder. Die unbarmherzige Verfolgung durch den Menschen liess in den Pyrenäen, in Katalonien, auf Korsika und im Südbalkan nur knapp hundert freilebende Bartgeierpaare übrig. Zurzeit wird an verschiedenen Orten im Alpenbogen versucht, den Bartgeier wieder anzusiedeln. Die Bauern und Jäger über das wahre Fressverhalten des Bartgeiers aufzuklären, ist wichtiger Teil der Rehabilitation.

Der Bartgeier frisst nur Aas und Knochen, wobei letztere 80 bis 90 Prozent seiner Nahrung ausmachen. Er kann Knochen bis zu 30 cm Länge sowie ganze Rinderwirbel hinunterwürgen und mit seiner konzentrierten Salzsäure im Magen restlos verdauen. Grosse Brocken aber, etwa den Oberschenkel eines Hirsches, knackt der Bartgeier mit dem Abwurftrick, indem er sie aus Höhen bis zu 100 Metern auf einen Felsen prallen lässt. 1961 fand der englische Zoologe Julian Huxley in Tansania ein regelrechtes Knochenabwurfzentrum: Ein Lavafeld war übersät mit unzähligen zerborstenen Knochenresten. Inmitten des Beinhauses ragte ein Fels, mit weissem Vogelkot übertüncht und wohl Sitzplatz der Geier. Huxley vermutete, der weisse Fels könnte den Vögeln als Zielmarke dienen. Gelegentlich nimmt auch der Bartgeier als Luftfracht eine Schildkröte.

Und wie Steinadler und Bartgeier wissen eine ganze Reihe weiterer Vögel das Prinzip des freien Falles zu Fresszwecken zu nutzen. Möwen gelangen mit der Abwurfmethode an das leckere Fleisch von Muscheln. So lässt die Dominikanermöwe grosse Muscheln über festem Boden fallen, wobei der Vogel je nach Bodenbeschaffenheit die Abwurfhöhe zwischen vier und acht Metern variiert. Silbermöwen stürzen sich bei Ebbe ins flache Meer, holen im Tauchgang Wellhornschnecken vom Grund und lassen sie aus etlichen Metern auf den steinigen Strand fallen. Das Interesse gilt dann aber nicht den Schnecken, sondern den Einsiedlerkrebsen, die oftmals im leeren Schneckengehäuse wohnen.

Auf ein Phänomen besonderer Art stiess der Australier Roy Wheeler. Er entdeckte oberhalb einer Küste eine ausgedehnte Schicht von Schalen der Turbo-Meeresschnecke. Vermutungen, der Grund sei eine langzeitige Meeresspiegelsenkung, erwiesen sich als falsch, zeigte sich doch, dass hier die Dickschnabelmöwe seit mehreren hundert Jahren an immer den gleichen Stellen ihre Abwurfplätze hat.

Zu eigentlichen Bomberpiloten werden jene Vögel, die mit der Abwurftechnik auf dem Boden liegende Lebensmittelverpackungen öffnen. So wird vom

Bussardmilan in Australien berichtet, der erst brütende Emus im Tiefflug vom Nest vertreibt und anschliessend mit faustgrossen Steinen das Gelege aus der Luft knackt.

Geradezu unheimlich erscheint eine weitere Jagdtaktik im australischen Luftraum. Ureinwohner erzählen, der Schwarzmilan hole sich nach einem Buschbrand einen noch glimmenden Stock, fliege damit viele hundert Meter weit über unversehrtes Gelände und lasse dann die heisse Ware auf trockenes Gras fallen. Dem neu entstehenden Brand entflöhen alsbald Nagetiere und Reptilien, die sich der wartende Räuber bequem pflücken könne. Die australischen Ureinwohnern nennen den Schwarzmilan deshalb «Feuerfalken»; die fast unglaubliche Brandbombentaktik ist in neuerer Zeit auch von einem Studenten aus Melbourne beobachtet worden.

Vollends kriegerisch wird die Sache, wo der Luftangriff nicht der Nahrungsbeschaffung, sondern der Feindbekämpfung dient. Das Erkunden eines Kolkrabennestes mit sechs Jungen in einer Felswand im amerikanischen Oregon endete für den Forscher Stewart Janes mit dem ungemütlichen Erlebnis, von den zurückkehrenden Elternvögeln mit gezielten Steinwürfen bombardiert zu werden.

Für den Kampf aus der Luft muss man aber nicht unbedingt fliegen können. So wissen manche Affen den Standort hoch in den Bäumen taktisch zu nutzen. Die Klammeraffen in Süd- und Mittelamerika werfen Äste und Kot auf Lebewesen am Boden, die ihnen

Angst machen. Wie gefährlich solches Bombardement werden kann, erfuhr jener Forscher, dem ein Klammeraffe unvermutet einen fünf Kilogramm schweren Ast aus zehn Metern Höhe direkt vor die Füsse warf.

Ein Bombenkerl ist auch der Orang-Utan. Mit gefährlichem Rückhandwurf schleudert er schwere Äste auf unliebsamen Besuch. Der Amerikaner Richard Davenport berichtet, wie er von einer Orang-Utan-Gruppe aus dem Geäst während einer Viertelstunde mit einer Kadenz von zehn Geschossen pro Minute bombardiert worden ist.

Affen machten sogar Kriegsgeschichte. Im Burenkrieg von 1899 bis 1902 zwischen Grossbritannien und den Burenrepubliken in Südafrika wurden mehrmals Soldaten der einen oder anderen Seite von steinwerfenden Bärenpavianen in die Flucht geschlagen. Hatten die Soldaten damals weder Lust noch Zeit, die Affenattacken im Detail zu registrieren, holten dies siebzig Jahre später der Amerikaner William Hamilton und das Forscherehepaar Buskirk nach. Unterwegs in einem Felsental in Namibia, erlebten sie einen Generalangriff einer etwa 25 Kopf starken Herde von Bärenpavianen. Von Klippen herunter warfen die Affen in 23 Angriffswellen 124 Steine auf die Zoologen, die nur dank raschem Ausweichen und Ducken Verletzungen entgingen. Immerhin waren die Geschosse über ein Pfund schwer, und die Paviane suchten sich die passenden Steine gezielt in der nahen Umgebung oder brachen sie bei Munitionsmangel aus der Erde los. Es war eine Schlacht wie die am Morgarten.

Die Araber hatten es im Altertum zuerst geschrieben, die Römer und spätere Gelehrte wiederholten es beharrlich durch die Jahrhunderte: Bemerkt der Strauss eine Gefahr, steckt er rasch seinen Kopf in den Sand, wohl in der Annahme, wenn er nichts sehe, könnten ihn auch seine Feinde nicht wahrnehmen. Die Christen machten den Strauss dann zum Sinnbild der Heuchler und Simulanten, weil der Vogel gelegentlich mit seinen Flügeln mächtig schlage, sich aber doch nie in die Lüfte erhebe. Als Vogel-Strauss-Politik ist die scheinbare Dummheit des Tieres heute noch sprichwörtlich.

Dabei haben Zoologen und Verhaltensforscher in neuerer Zeit erkannt, dass der Strauss nicht nur über hervorragende körperliche Eigenschaften, sondern auch über höchst raffinierte Verhaltensweisen verfügt. Doch schon den Ägyptern war der Strauss nur Lieferant modischer Federpracht. Im alten Rom liess ein Kaiser seinen Prunkwagen von acht Straussen durch die Strasse ziehen. Ein anderer fand es lustig, sie im Zirkus zu enthaupten, um dann dem Publikum zeigen zu können, wie die kopflosen Tiere noch eine Weile herumliefen, ehe sie tot zusammenbrachen. Heute werden ausser den Federn auch noch das Leder und das fettarme Fleisch genutzt. In Südafrika gibt es Straussenfarmen mit Hunderttausenden von Tieren. Diese Massentierhaltung hat wenigstens die letzten wildlebenden Strausse vor der Ausrottung bewahrt.

Wie fossile Funde zeigen, hat sich der Strauss bereits vor 50 Millionen Jahren in den Steppen Asiens vom flugfähigen Vogel zum kleinen Laufvogel entwickelt. Der Verzicht aufs Fliegen erlaubte dem Tier, den Körper grösser und kräftiger werden zu lassen. Vor einigen Jahrmillionen erreichte es riesige Formen; dank seiner körperlichen Überlegenheit konnte es den Lebensraum nordwärts bis in die Mongolei und bis ins südliche Afrika ausdehnen. Die heute einzige Straussenart, der afrikanische Strauss, lebt nur noch in den Savannen und Halbwüsten südlich der Sahara. Wieder etwas kleiner als seine Riesenvorfahren, wiegt ein ausgewachsener Hahn jetzt 150 Kilogramm. Und das Ei der Henne entspricht mit seinen 1,5 Kilogramm immerhin 30 Hühnereiern. Ausserordentlich ist auch die Laufleistung. Dank einem enorm tüchtigen Herzen kann der Strauss gegen eine halbe Stunde lang mit 50 Kilometern pro Stunde über die Steppe rauschen; kurzzeitig sind sogar 70 Kilometer pro Stunde möglich. Wird ein Hahn zornig, muss man sich vor seinen kräftigen Beinen und Fusskrallen in acht nehmen. So erwischte im Frankfurter Zoo ein erboster Hahn einen Tierpfleger mit raschem Fusstritt am Rücken. Der Mensch verlor dabei nicht nur seine Arbeitsjacke samt Unterhemd, sondern flog gleich noch durch den Drahtzaun des Geheges. Pech hatte allerdings der

Dass der Strauss bei Gefahr den Kopf in den Sand steckt, ist ein weiteres Märchen der frühen Zoologie.

mutige Hahn aus der Beschreibung von Tiervater Brehm: «Als einmal ein Strauss einen Schnellzug daherrasen sah, stellte er sich mitten zwischen die Schienen, hob den Fuss, um nach ihm zu treten, und war natürlich im nächsten Augenblick zermalmt.»

Der Strauss verfügt über scharfes Sehvermögen und ein hervorragendes Gehör. Seinem wie ein Periskop über das Steppengras ragenden Haupt entgeht fast nichts. Deshalb nutzen Zebras, Antilopen und Gazellen den Strauss als zuverlässigen Wächter und äsen gerne in dessen Nähe. Erkennt der Strauss ein nahendes Raubtier, sucht er sein Heil erst in rascher Flucht. Plötzlich aber ist er wie vom Erdboden verschluckt. Wer weiter nach ihm stöbert, findet ihn in einer flachen Mulde eng an den Boden gedrückt, den lang ausgestreckten Hals ebenfalls hart auf der Erde. Erst im allerletzten Augenblick schnellt er für einen weiteren Spurt wieder in die Höhe. Frühere Beobachter haben wohl den Nutzen dieses Flachliegens nicht erkannt und den Strauss zum Dummkopf gestempelt. Auch mag das Fressverhalten des Vogels, der beim Gehen immer wieder mit dem Schnabel Gräser und Kleingetier vom Boden pickt, das Bild vom Kopf-in-den-Sand-stecken mitgeprägt haben.

Erstaunlich sind ebenfalls die sozialen Eigenheiten von Vogel Strauss. Die Tiere leben oft in grossen Verbänden von vielen hundert Individuen. Innerhalb der Verbände gibt es jedoch einzelne Familien, die sich im sozialen Leben deutlich voneinander distanzieren. So lebt ein Hahn meist mit einer Haupthenne und zwei, drei Nebenhennen und verteidigt seinen «Besitz» mit Vehemenz gegen andere Hähne. Das Balzspiel soll zu den eindrücklichsten im Tierreich gehören. Mit jeweils einer Henne im Schlepptau zieht der Hahn von der Herde weg. Die beiden beginnen gemeinsam nach Futter zu suchen, wobei sich die Pickbewegungen von Hahn und Henne allmählich synchronisieren. Schliesslich schlägt der Hahn erregt die Flügel hoch, wirft sich zu Boden und erzeugt mit wildem Flügelschlag einen wahren Sandsturm. Dieses symbolische Ausmulden eines Nestes ist von schnellen Spiralbewegungen des Halses und dumpfem Balzgesang begleitet. Die Henne umkreist den Bodenturner demütig mit schleppenden Flügeln. Schnellt der Hahn auf, lässt sich die Henne sofort zu Boden fallen. Und unter Flügelschlagen steigt der Herr auf.

An sandiger Stelle scharrt nun der Hahn eine Nestmulde und hockt sich hinein. Die Haupthenne kommt jeden zweiten Tag zum Nest und legt dem Hahn ein Ei vor die Brust, das dieser umgehend mit Hals und Schnabel unter seinen Körper schiebt. So kommen schliesslich bis zu einem Dutzend Eier zusammen. Aber auch die Nebenhennen bringen Ei um Ei. Nach drei Wochen liegen 30 bis 40 Eier im kommunalen Nest. Jetzt beginnt das sechs Wochen lange Brutgeschäft. Vom späten Nachmittag bis in den frühen Vormittag hockt der Hahn auf dem Nest. Die heisse Mittagsschicht übernimmt jeweils die Haupthenne. Die Nebenhennen gehören nicht zur Brutgemeinschaft.

So gross ein Straussenbauch auch ist, Hahn und Henne können nicht mehr als zwanzig der Rieseneier damit bedecken. Hat ein Gelege eine grössere Eierzahl, bleibt ein Teil der Eier ungeschützt und verdirbt schliesslich. Vor einigen Jahren stellte sich der englische Zoologe Brian Bertram die Frage, ob das Schicksal, nicht ausgebrütet zu werden, alle Eier gleichermassen treffe oder ob die Tiere allenfalls selektiven Eiermord trieben. Bertram beobachtete im ostafrikanischen Tsavo-Nationalpark und in der Serengeti monatelang mehrere Straussennester. Und er sah, dass der Hahn die Eier, so gut es eben ging, bedeckte. Ganz anders die Henne. Kaum lag sie auf dem Nest, begann sie einige der Eier an den Rand der Mulde zu schieben, wo sie verderben mussten. Andere aber behielt sie im Nestzentrum.

Für den Forscher sahen alle Eier identisch aus. Bei einer weiteren Nestgründung markierte er die einzelnen Eier der verschiedenen Hennen sofort nach der Eiablage mit kleinen Zeichen. Und was er vermutet hatte, liess sich jetzt beweisen: Die brütende Haupthenne verdammte ausschliesslich die Eier ihrer Rivalinnen. Wie sie aber ihre Eier von den fremden unterscheidet, ist bis heute ein Rätsel. Die Lage der Eier im Nest kann es nicht sein, denn die Henne traf auch dann die richtige Wahl, nachdem der Forscher die Eier im Nest durcheinandergemischt hatte. Es bleibt die Vermutung, die Henne kenne ihre Eier am individuellen Muster der vielen feinen Poren. Und warum beteiligt sich der Hahn nicht am Eliminationsverfahren? Im Gegensatz zur Haupthenne sitzt sein genetisches Erbe in jedem Ei. Ein Selektionieren brächte ihm also keinerlei Fortpflanzungsvorteil.

Sind die Küken dann geschlüpft, wird auch der Hahn zum Fortpflanzungstaktiker. In «Grzimeks Tierleben» steht, dass in den Straussenherden oft eine Familie die Küken einer andern adoptiere. Für die englische Verhaltensforscherin Marian Stamp Dawkins ist diese Fürsorge indes keineswegs niedlich: Der Hahn und seine Lieblingshenne entführen andern Eltern gewaltsam ihre Jungen und integrieren sie in die eigene Kinderschar. Erfolgreiche Kidnapper können so die Küken mehrerer Familien sammeln und ziehen dann mit grossen gemischten Bruten durch das Land. Der ganze Fang kann aber auch plötzlich wieder von einem andern Straussenpaar gestohlen werden.

Was soll diese Kinderklauerei? Straussenküken sind für Raubtiere ein gefundenes Fressen. Haben nun Strausseneltern zu ihren eigenen Küken noch möglichst viele Küken anderer Eltern, erhöht sich die Chance, dass bei Raubtierüberfällen ein Teil der eigenen Küken überlebt. Strausse verstecken also ihren Nachwuchs (und damit ihr genetisches Kapital) hinter einem lebenden Schutzschild fremder Küken.

Wahre Vogel-Strauss-Politik ist deshalb weit eher Machiavellismus denn ängstliche Verkriecherei.

Frösche und Kröten (hier ein Ochsenfrosch) sind entgegen dem Volksglauben keine Wetterpropheten.

Kräht der Hahn auf dem Mist, ändert das Wetter – oder bleibt, wie es ist. Der Spruch macht deutlich, was man von Bauernregeln halten mag. In seiner traditionellen Form lautet der zweite Teil jedoch: «. . . kräht er auf dem Hühnerhaus, hält das Wetter die Woche aus.»

Unsinn? Der Berliner Meteorologe Horst Malberg sucht in seinem Buch «Bauernregeln» nach wissenschaftlichen Fakten, um doch den einen oder andern Wetterspruch zu bestätigen. So könnten Hahn und Hühner vorzugsweise bei hoher Luftfeuchtigkeit auf dem Misthaufen tätig sein, weil sich dann Würmer und Käfer nahe der Oberfläche tummeln, während bei stabiler Hochdrucklage die oberen Mistschichten ausgetrocknet sind und deshalb für das Federvieh nicht viel zu holen ist. Eine meteorologische Erklärung gibt es auch für das Schönwetterversprechen hochfliegender Schwalben: Bei sonnigem Hochdruckwetter steigen vom warmen Boden grosse Luftblasen empor und tragen Insekten in die Höhe. Eine labile Tiefdrucklage aber hält die Insekten eher in Bodennähe – die Schwalben fliegen tief, und die Fische springen.

Für Malberg ist die ausgeprägte Wetterfühligkeit vieler Tiere nicht weiter verwunderlich. Denn insbesondere freilebende Tiere müssen selbst feinste Veränderungen in ihrer Umwelt frühzeitig wahrnehmen können – um Nahrung zu finden, Fernreisen zu organisieren, rechtzeitig lebensbedrohende Gefahren zu erkennen oder amouröse Chancen aufzuspüren. Das hochempfindliche Nervensystem mancher Tiere reagiert deshalb vermutlich auch auf verschiedene physikalische Parameter der Meteorologie: geringe und schnelle Schwankungen des Luftdrucks oder der Strahlung, Änderungen der Feuchtigkeit oder der Temperatur, Fluktuationen im luftelektrischen Feld. Sogar wir Menschen haben, trotz fortgeschrittener «Stumpfsinnigkeit», noch immer Reste des animalischen Umweltfühlens bewahrt – und sei es nur in Form einer Migräne bei Föhn.

Ist für den Meteorologen also durchaus plausibel, dass Tiere Wetterereignisse Stunden oder auch Tage voraus erkennen können, hält er von angeblich langfristigen prognostischen Fähigkeiten nicht viel. So sieht Malberg für Sprüche wie «Sind die Maulwurfhügel hoch im Garten, ist ein strenger Winter zu erwarten» keinerlei faktische Berechtigung. Anderes aber wie «Bleiben die Schwalben lange, sei vor dem Winter nicht bange» sei insofern trivial, als die Schwalben im Herbst fortziehen, nachdem die ersten Kaltlufteinbrüche erfolgt sind, also ein früher oder später Winteranfang bereits offensichtlich ist.

Wie enorm reichhaltig die meteorologische Volksweisheit ist, hat Albert Hauser 1973 mit seiner schweizerischen Sammlung von Bauernregeln gezeigt. Das inzwischen leider vergriffene Buch zitiert nicht weniger als 421 Beispiele von Tieren als Wetterpropheten. Das Spektrum reicht vom «So die sonn haiss thut stechen, die küe pisen und prummen, alsbald thun die pauren sprechen: es wirt gwiss ain regen kummen!» aus einem Wetterbüchlein von 1505 bis zum «Wenn im Mai die Bienen schwärmen, so soll man vor Freude lärmen» eines kürzlich befragten Hallauer Landwirtes. Oder schön poetisch: «Mückentanz – Morgenglanz» (Lungern, Obwalden), und eher prosaisch: «Stinken die Schweine, so gibt es Regen» (Wünnewil, Freiburg).

Auch Hauser unterzieht den scheinbaren Erfahrungsschatz einer kritischen Sichtung. Dass gewisse Tiere bei heranziehendem Wetterumsturz unverzüglich reagieren, ist nicht erstaunlich: «Steigen die Gemsen herab, wird das Wetter schlecht.» Oder die Bauernregel widerspiegelt eine physiologische Tatsache. Schnecken und andere Weichtiere beispielsweise können sich keine grösseren Wasserverluste leisten und verlassen deshalb ihre Verstecke nur bei feuchter Witterung. Der Spruch «Kriechen die Schnecken aus dem Heu, gibt es Regen» müsste deshalb ehrlicherweise lauten: «Kriechen die Schnecken aus dem Heu, so regnet es.»

Dort aber, wo das Tierverhalten eng an eine bestimmte Jahreszeit geknüpft ist, hält die meteorologische Volksweisheit der Kritik oft nicht stand. Hauser zitiert die vielen Beispiele, die sich auf das Erscheinen des Kuckucks oder der ersten Schwalben im Frühjahr beziehen. Er belegt, dass diese Ankunftszeiten von Jahr zu Jahr höchstens um wenige Tage variieren, weshalb Stare und Schwalben keine zuverlässigen Frühlingsverkünder sein können. Wirklichkeitsnah ist hingegen der Spruch: «Der Guckus chund den nöunte Abril, si der Früelig wa er wil» (Graubünden, 19. Jahrhundert).

Anders die Bienen, Ameisen und Spinnen. Ihr Leben ist äusserst klima- und wetterexponiert, weshalb ein frühzeitiges Erkennen meteorologischer Trends zur Existenzfrage wird. «Wenn Spinnen im Regen spinnen, wird es nicht lange rinnen» dürfte echte animalische Wetterfühligkeit wiedergeben.

Ihrem Ruf als Wetterpropheten jedoch nicht gerecht werden die Frösche und Kröten. So stellte Hans Heusser in einer Untersuchung fest, dass das Wandern der Erdkröte auf eine Sollzeit fixiert ist, die sich selbst in meteorologischen Ausnahmesituationen durchsetzt. Und auch das Wandern der Frösche sowie ihr Quaken sind nicht wetterbedingt, sondern hängen unmittelbar mit dem Fortpflanzungstrieb zusammen.

Tiere sind im Volksglauben nicht nur Wetterpropheten, sie warnen uns Menschen auch vor Naturkatastrophen. So am 11. September 1881 in Elm im Glarnerland, als grosse Teile des Tschingelberges zu Tal fuhren. Dabei wurden 79 Erwachsene und 37 Kinder «wie ein Insekt zerrieben, auf das wir treten und mit dem Schuh schleifen», schilderte der Geologe Albert Heim die Tragödie. Noch Tage nach dem Bergsturz suchten herrenlos gewordene Katzen und Hühner den Rand des mächtigen Schutthaufens ab – sie waren der Katastrophe rechtzeitig entflohen. Heim meinte:

«Tiere sind für Vorzeichen oft empfindlicher als die Menschen. Es mag das daher kommen, dass sie mit dem Erdboden mehr in Verbindung sind. Der viel feinhörigere Hund liegt mit dem Ohr unmittelbar am Boden, während uns Gebäude, Bettstatt, Matratze und Kissen davon trennen.»

Der Naturforscher brauchte im Fall der Katastrophe von Elm allerdings nicht lange nach Ursachen zu suchen. Denn die Elmer hatten ihr Schicksal geradezu herausgefordert, indem sie jahrzehntelang am Berg im offenen Tagbau Schiefer abbauten ohne jegliche Sicherung der immer grösser werdenden Felswunde. Deshalb zeigten sich schon Jahre vor der Katastrophe im Fels über dem Schieferbruch metergrosse Spalten. Und der Schrecken kündigte sich dann bereits Tage vorher durch herunterpolterndes Gestein an. Albert Heim kam schliesslich zur Erkenntnis, «dass das Tier einem unangenehmen ungewöhnlichen Gefühle sofort ehrlich glaubt und gehorcht, während der stumpfere und kompliziertere Mensch weniger spürt und stets Ausredegedanken bereit hat, um sich selbst zu beschwichtigen».

Können Tiere aber Naturkatastrophen vorzeitig wahrnehmen, wo es selbst für den aufmerksamen Mensch keinerlei Warnsignale gibt? Im Falle von Erdbeben wird dies immer wieder behauptet. Besonders in den siebziger Jahren waren zahlreiche Beispiele aus China zu hören, wo sich Fische, Schlangen, Vögel, Ratten, Schweine und Pferde Stunden bis Tage vor einem Erdbeben «ungewöhnlich» verhalten haben sollen.

So sei die erfolgreiche Vorhersage des Haicheng-Erdbebens vom 4. Februar 1975 nicht zuletzt dem abnormen Verhalten Dutzender Schlangen zu verdanken gewesen, die schon Wochen vor dem Beben ihren Winterschlaf abbrachen und schliesslich auf der Erde erfroren aufgefunden wurden. Die chinesischen Behörden ermunterten deshalb die Leute, ungewöhnliches Verhalten ihrer Haustiere unverzüglich zu melden. Leider waren dann die bei Erdbeben sehr zahlreich in den seismologischen Stationen eintreffenden Hinweise insofern wenig hilfreich, als die Leute ihre ungewöhnlichen Tierbeobachtungen fast immer erst nach dem geologischen Ereignis entsprechend interpretierten und mitteilten. Eine Erdbebenwarnung ist aber nur möglich, wenn sich mit einiger Sicherheit unterscheiden lässt, ob Tiere in der Tat auf ungewöhnliche geophysikalische Signale reagieren oder lediglich wegen eines aufziehendes Gewitters, auf der Flucht vor einem Feind oder aus sexuellem Tatendrang durch die Gegend rasen.

In China, aber auch in Japan und in den USA hat man schliesslich in grösseren Forschungsprojekten versucht herauszufinden, ob Tiere auf Mikrovibrationen, auf kleine Änderungen der Temperatur oder der elektromagnetischen Felder sowie auf Spuren von Gasen reagieren, wie sie vor Erdbeben auftreten können. Alle Experimente verliefen negativ. Die Fachleute kamen zum Schluss, die Eignung von Tieren zur Erdbebenvorhersage sei «naturwissenschaftlich nicht nachprüfbar».

Trotzdem sind die Beobachtungen aus aller Welt von höchst ungewöhnlichem Tierverhalten in den Stunden vor einem Erdbeben äusserst zahlreich; sie stammen nicht selten von Leuten, welche die Marotten ihrer Viecher bestens kennen. Und da unbestritten ist, dass gewisse Tiere auf Geräusche, elektrische und magnetische Felder oder Geruchsstoffe extrem empfindlich reagieren – weshalb denn sollte die sensorische Feinfühligkeit dem Tier nicht auch zum Schutz vor lebensbedrohendem geologischem Geschehen dienen?

Register

Kursive Zahlen verweisen auf Abbildungen

158